FINANCING STRATEGY

利率市场化下的理财策略

张志前◎主编

中国言实出版社

图书在版编目（CIP）数据

利率市场化下的理财策略/张志前主编 . —北京：
中国言实出版社，2013.12

ISBN 978-7-5171-0272-4

Ⅰ.①利…　　Ⅱ.①张…　　Ⅲ.①利率市场化－影响－私人投资－
策略－研究　　Ⅳ.①F830.59

中国版本图书馆 CIP 数据核字（2013）第 285041 号

责任编辑： 李　生　李　婧

出版发行　**中国言实出版社**

地　　址　北京市朝阳区北苑路 180 号加利大厦 5 号楼 105 室

邮　　编　100101

电　　话　64966717（发行部）　　51147960（邮　购）

　　　　　64924853（总编室）　　64963106（二编部）

网　　址　www. zgyscbs. cn

E-mail　zgyscbs@263. net

经　　销　新华书店

印　　刷　北京凯达印务有限公司

版　　次　2014 年 1 月第 1 版　2014 年 1 月第 1 次印刷

规　　格　710 毫米×1000 毫米　1/16　印张 15

字　　数　200 千字

定　　价　32.00 元　ISBN 978-7-5171-0272-4

《利率化市场下的理财策略》

编委会

主　编：张志前
编　委：（排名不分先后）
　　　　文雪婷　　张志前　　张晓宇　　李政德
　　　　胡智磊　　夏新家　　郭甲蕾　　潘炳红

前　言

　　利率是投资理财产品的收益基准。随着我国金融改革的深入，利率将不再由中央银行——中国人民银行决定，而将由市场说了算。这将会引发我国金融市场的巨大震动，投资理财产品将会呈多元化发展，投资理财市场将由此进入战国时代。面对纷繁复杂的投资理财产品，普通百姓的选择将更加困难。如何应对即将来临的利率市场化时代，实现资产保值增值，是每位中国人都应该了解的知识。

　　利率市场化，简单地讲就是让资金的价格交由市场来决定，这一概念与利率管制相对应。利率管制是指由中央银行统一制定各种金融工具的利率，资金的买方和卖方严格按照统一制定的利率进行交易。在利率管制的情况下，我国各商业银行的存贷款利率都是相同的，老百姓不论到哪家银行去存钱，利率都是一样的。利率市场化后，银行将差别化经营，不同银行同一种币种和档期将会执行不同的利率，同一银行相同的币种、相同的档期可因存款金额的大小有几种存款利率档次，老百姓存款也需要进行选择。

　　随着经济的发展和百姓收入的增加，我们手中的"闲钱"也越来越多，很多人已经不满足于仅仅把钱放在银行里，而要去追求更高的投资理财收益。在利率市场化情况下，为了吸引顾客，包括银行在内的金融机构会推出更多的投资理财产品，我们将进入所谓的"大资管"时代。老百姓面临的投资理财产品会更加丰富，选择会更加多样性。

　　在利率市场化之后，金融市场的波动将加剧，理财产品的期限结构将趋于复杂化，表现出更大的多变性和不确定性。在利率升降频繁、各家银行利率差异化的情况下，银行客户可能会更加频繁地根据自己的意愿和利益调整存贷款的期限，选择不同的商业银行。同时为了避险和获得更高投资收益，各类金融衍生产品也将孕育而生。

在利率市场化的条件下，家庭和企业的观念必须发生转变，树立风险意识，过去接近无风险的资产在未来可能面临风险。例如：过去银行体系基本可以认为是完全不可能倒闭的，但是在利率市场化的条件下，银行业的竞争性将会明显增强，甚至会发生倒闭的风险。如果没有存款保险制度，那么你存入银行的钱很可能将会颗粒无收。这对普通百姓来说简直是不敢想象的，但它在国外确实是发生过的。

本书围绕我国利率市场化改革，为您揭示了投资理财产品与银行利率之间的紧密关系，分析了利率市场化将给我国居民投资理财市场带来的巨大而深刻的变化。在此基础上，根据各类投资理财产品的特点，分析了在利率市场化下的理财投资的策略。最后，本书从收益和风险两个维度，对居民常见的主要投资理财产品进行了评级和比较，帮助百姓根据自身情况，选择出最适合自己的投资理财产品。

本书共分三篇十五章。第一篇共三章，介绍了利率及利率市场化，分析利率市场化将给投资理财市场带来的深刻变化。我们认为，理财和投资是不同的。理财是为了获取长期稳定收益，将资金交给专业机构打理；而投资是为获取短期和较大收益，根据市场情况自主投资的行为。为此，本书将理财和投资策略分两篇介绍。第二篇共五章，分析了储蓄存款、银行理财、信托理财、基金理财和保险理财的特点，以及在利率市场化下的理财策略。第三篇共六章，分析了股票、期货、债券、房产、黄金和PE投资的特点，以及在利率市场化下的策略。本书最后一章，对各类投资理财产品进行了评级和比较。

本书根据老百姓投资理财的特点，结合当前利率市场化改革的新形势，有针对性地详细阐述了投资理财目标、方法、途径和侧重点，既有理论和概念的介绍，又有方法和途径的说明，更有具体的操作建议。本书在讲解投资基本知识的同时，还用了大量的案例分析，力求将知识性与实用性完美结合，真正做到了语言平实，通俗易懂，能够对投资理财有所指导，是百姓投资理财必备的工具书和手册。

本书结合我国金融改革创新的新形势，介绍了市场上主要的金融产品，以及这些产品的特点和运作机理，并对这些产品的创新发展趋势作了分析，对如何操作进行了详细介绍。本书理论联系实际，分析深入浅出，也可作为经济、金融专业学生了解金融投资市场的课外参考书，并可作为金融机构投资理财人员的业务培训参考书。

俗话说，"你不理财，财不理你。"在我国利率市场化改革的大背景下，老百姓不仅要有理财的意识，更要掌握理财的方法。否则，面对纷繁复杂的理财产品，很可能会做出错误的选择，买了不适合自己的理财产品。最终不仅无法实现财富的保值增值，甚至还可能"赔了夫人又折兵"。因此，关注金融市场变化，了解一些理财知识非常必要。希望本书能对你的投资理财有所帮助、有所启发。

目 录

第一篇 百姓理财将进入"战国"时代

第1章 利率——投资理财市场的定海神针

1.1 什么是利率 ………………………………………… 2

1.2 利率的地位和作用 ………………………………… 3

1.3 利率的主要分类 …………………………………… 7

1.4 利率走入寻常百姓家 ……………………………… 13

第2章 利率市场化——山雨欲来风满楼

2.1 利率管制和市场化 ………………………………… 16

2.2 利率市场化是大势所趋 …………………………… 18

2.3 中国利率市场化进程 ……………………………… 22

2.4 利率市场化的影响 ………………………………… 25

第3章 理财与利率——剪不断理还乱

3.1 利率决定理财收益 ………………………………… 29

3.2 理财突破利率管制 ………………………………… 32

3.3 理财产品将更复杂 ………………………………… 34

3.4 风险意识更需增强 ………………………………… 36

第二篇　利率市场化下的理财策略

第 4 章　储蓄存款——也需要货比三家

4.1 储蓄的基础知识 ……………………………………… 40

4.2 储蓄的特点 …………………………………………… 41

4.3 储蓄的分类 …………………………………………… 43

4.4 储蓄的安全和保障 …………………………………… 47

4.5 储蓄的创新和发展 …………………………………… 49

4.6 百姓储蓄策略 ………………………………………… 50

4.7 储蓄注意事项 ………………………………………… 53

第 5 章　银行理财——春江水暖鸭先知

5.1 银行理财的基础知识 ………………………………… 55

5.2 银行理财的特点 ……………………………………… 56

5.3 银行理财的分类 ……………………………………… 58

5.4 银行理财的创新和发展 ……………………………… 63

5.5 银行理财的策略 ……………………………………… 64

5.6 银行理财注意事项 …………………………………… 68

第 6 章　信托理财——高净值人士的选择

6.1 信托的基础知识 ……………………………………… 71

6.2 信托的特点 …………………………………………… 73

6.3 信托的分类 …………………………………………… 76

6.4 信托产品投资渠道 …………………………………… 79

6.5 信托产品选购策略 …………………………………… 81

6.6 购买信托注意事项 …………………………………… 83

第7章　基金理财——看你信不信专家

7.1 基金的基础知识 …………………………………… 87

7.2 基金的特点 ……………………………………… 88

7.3 基金的分类 ……………………………………… 89

7.4 基金的创新和发展 ………………………………… 92

7.5 基金投资渠道 …………………………………… 93

7.6 基金投资策略 …………………………………… 95

7.7 基金投资注意事项 ………………………………… 98

第8章　保险理财——看起来很美

8.1 保险的基础知识 ………………………………… 100

8.2 保险的分类 ……………………………………… 102

8.3 理财类保险的特点 ………………………………… 103

8.4 保险理财的创新和发展 …………………………… 104

8.5 理财保险投资渠道 ………………………………… 105

8.6 理财保险投保策略 ………………………………… 108

8.7 购买保险注意事项 ………………………………… 110

第三篇　利率市场化下的投资策略

第9章　债券投资——水涨未必会船高

9.1 债券的基础知识 ………………………………… 114

9.2 债券的特点 ……………………………………… 116

9.3 债券的分类 ……………………………………… 118

9.4 债券收益的影响因素 ……………………………… 121

9.5 债券产品投资渠道 ·················· 123

9.6 债券产品选购策略 ·················· 126

9.7 债券投资注意事项 ·················· 129

第 10 章　股票投资——人人都想当股神

10.1 股票的基础知识 ················· 130

10.2 股票的特点 ······················ 131

10.3 股票的分类 ······················ 132

10.4 股票的投资分析 ·················· 133

10.5 巴菲特投资理念 ·················· 137

10.6 股票投资的创新和发展 ············ 139

10.7 如何进行股票投资 ················ 143

10.8 投资股票注意事项 ················ 145

第 11 章　期货投资——玩杠杆需要专业

11.1 期货的基础知识 ················· 149

11.2 期货的特点 ······················ 151

11.3 期货的分类 ······················ 152

11.4 期货价格的影响因素 ·············· 154

11.5 期货的创新和发展 ················ 156

11.6 期货的投资方法 ·················· 158

11.7 期货的投资策略 ·················· 159

11.8 期货投资注意事项 ················ 160

第 12 章　房地产投资——想说爱你不容易

12.1 房地产的基本知识 …………………………………… 163

12.2 房地产投资的特点 …………………………………… 164

12.3 房地产的分类 ………………………………………… 167

12.4 房地产投资的创新和发展 …………………………… 169

12.5 房地产的投资方式 …………………………………… 171

12.6 房地产投资的策略 …………………………………… 173

12.7 房地产投资注意事项 ………………………………… 178

第 13 章　黄金投资——长期配置能保值

13.1 黄金的基础知识 ……………………………………… 180

13.2 黄金的特点 …………………………………………… 181

13.3 黄金投资的分类 ……………………………………… 183

13.4 黄金投资的创新和发展 ……………………………… 186

13.5 黄金投资渠道 ………………………………………… 187

13.6 黄金投资策略 ………………………………………… 190

13.7 投资黄金注意事项 …………………………………… 191

第 14 章　PE 投资——但愿美梦能成真

14.1 PE 投资的基础知识 ………………………………… 193

14.2 PE 投资的特点 ……………………………………… 199

14.3 PE 投资的分类 ……………………………………… 200

14.4 PE 投资的创新和发展 ……………………………… 202

14.5 PE 投资渠道 ………………………………………… 204

14.6 PE 投资的策略 ……………………………………… 205

14.7 投资 PE 基金注意事项 ……………………………… 206

第 15 章　多元化投资——选择适合自己的

15.1 多元投资的理念 ……………………………………… 208

15.2 多元投资原理 …………………………………………… 212

15.3 多元投资策略 …………………………………………… 218

15.4 利率市场化与产品选择 ……………………………… 222

15.5 案例和实战演练 ………………………………………… 223

15.6 多元理财注意事项 …………………………………… 225

第一篇　百姓理财将进入"战国"时代

第1章　利率——投资理财市场的定海神针

利率是利息率的简称，是指一定时期内利息额同借贷资金额（本金）的比率。投资理财的实质就是让钱生钱，做资金的买卖和交易，利率就是资金买卖和交易的价格。银行利率被誉为是投资理财市场的定海神针。一般来讲，当中央银行下调商业银行的存贷款利率时，其他投资理财市场的收益率也会跟着下降；反之当银行利率提高时，其他理财市场的收益率也会提高。老百姓要投资理财，首先必须了解利率，把握市场利率的变化。

1.1 什么是利率

随着居民收入越来越多，投资和理财日渐成为百姓关心的话题。说起投资和理财，就不得不深入了解一下利率。当我们有多余的资金进行投资时，首先会比较银行存款利率，债券利率等等，进而决定自己的投资方式；当我们买房子买车需要贷款时，又会关心贷款利率，售楼工作人员也会拿起金融计算器根据利率帮我们计算每期还款金额，还款期限等等；现在如雨后春笋般涌出的中小型金融机构也常常以利率去吸引广大的投资者。

可以说，利率是经济运行过程中最受关注的变量之一。利率直接影响到每个人的日常生活并且对经济的运行产生重大影响，所以新闻媒体每天都在报道利率的变动情况。作为投资者必须要关注利率，把握市场利率的变化。利率影响着家庭和个人的很多经济决策：是消费还是储蓄、是否要贷款购买住宅，购买债券还是增加存款等等，也影响着诸如将资金投资购买新设备还是存入银行等企业的经济决策。

利率，就表现形式来说，是指一定时期内利息额同借贷资本总额的比率。从借款人的角度说，利率就是使用资金的单位成本；从贷款人的角度说，利率就是贷款人借出资金所获得的报酬率。例如，居民张先生把 100 元钱借给企业甲，双方约定在一年后，企业甲需支付给居民张先生 110 元，其中 100 元是本金，10 元就是利息。把利息和本金相比，就得出这笔借贷的利率是 10％。张先生因为推迟使用自己的资金而获得了一定的报酬，这笔报酬就是利息。反过来说，如果张先生需要向银行筹集一笔贷款购买住房，每月借款 10000 元，下月初需还款 11000 元，这其中 10000 元是本金，1000 元就是支付的利息，1000 元则是为了获得这 10000 元资金一个月的使用权而支付的费用。

1.2 利率的地位和作用

利率是经济学中一个重要的金融变量，是金融市场的定海神针。几乎所有的经济金融现象、所有资产价格的变化都与利率有着或多或少千丝万缕的联系。而利率的变化也受到多种因素的影响。当前，世界各国频繁运用利率杠杆实施宏观调控，利率政策已成为各国中央银行调控货币供求，进而调控经济的重要手段。

1.2.1 利率的影响因素

利率作为资金的价格，必然是资金供给和需求相互平衡的结果。当资金供给大于需求时，利率就会下跌；反之，当资金供给小于需求时，利率就会上升。但是，在现实生活中，决定和影响的因素很多，利率水平是由各种因素的综合影响所决定的。首先，利率分别受到产业的平均利润水平、货币的供给与需求状况、经济发展的状况等因素的影响。其次，利率又受到物价水平、利率管制、国际经济状况和货币政策的影响。

按照马克思主义经济学，利息是利润的一部分，是剩余价值的转换形态，所以利息首先要受平均利润的制约。平均利润率是指全社会剩余价值总额与社会总资本的比率。一般来说，平均利润率是利息的最高限。如果利息率超过了社会平均利润率，则其他劳动、技术、土地等都将没有利润可获，甚至还要收到资本食利阶层的盘剥。按照西方经济学理论，利率作为资金的价格，与普通商品一样，货币的供求状况决定和影响其价格的高低。一个国家或地区的经济发展的状况，决定了企业利润水平的高低和人们收入的多少，决定和影响了储蓄供给与投资需求，也影响了货币的需求和供给。

中国人民银行在确定利率水平时，主要综合考虑以下几个因素。

一是物价总水平。这是维护存款人利益的重要依据。利率高于同期物价上涨率，就可以保证存款人的实际利息收益为正值；相反，如果利率低于物价上涨率，存款人的实际利息收益就会变成负值。物价上涨水平一般用 CPI 表示。因此，看利率水平的高低不仅要看名义利率的水平，更重要的是还要看是正利率还是负利率。

二是利息负担。长期以来，国有大中型企业生产发展的资金大部分依赖银行贷款，利率水平的变动对企业成本和利润有着直接的重要的影响，因此，利率水平的确定，必须考虑企业的承受能力。例如，1996 年至 1999年，中国人民银行先后七次降低存贷款利率，极大地减少了企业贷款利息的支出。据不完全统计，累计减少企业利息支出 2600 多亿元。

三是银行的利益。利率调整对财政收支的影响，主要是通过影响企业和银行上交财政税收的增加或减少而间接产生的。因此，在调整利率水平时，必须综合考虑国家财政的收支状况。银行是经营货币资金的特殊企业，存贷款利差是银行收入的主要来源，利率水平的确定还要保持合适的存贷款利差，以保证银行正常经营。

四是供求状况。利率是国家宏观调控的重要手段，是货币政策的重要工具。利率政策要服从国家经济政策的大局，并体现不同时期国家政策的要求。与其他商品的价格一样，利率水平的确定也要考虑社会资金的供求状况，受资金供求规律的制约。

此外，期限、风险等其他因素也是确定利率水平的重要依据。一般来讲，期限越长，利率越高；风险越大，利率越高。反之，则利率越低。随着中国经济开放程度的提高，国际金融市场利率水平的变动对中国利率水平的影响将越来越大，在确定国内利率水平时，还要参考国际上的利率水平。

1.2.2 利率与宏观经济

在宏观经济方面，利率调整可以在不扩大货币供应的条件下，改变社会资金总量和借贷资金的供给，从而影响总供求。利率是政府调控经济的重要手段。政府可以通过调节利率，来控制金融信贷规模，从而调控国民经济的增长速度。

中央银行通过控制货币供应量来调节利率，进而影响货币市场、产品市场和整个经济，以达到一定经济目标的行为就是货币政策。货币政策一般分为扩张性的和紧缩性的。扩张的货币政策表现为调低利率，增加货币供应，商业银行发放大量贷款，可以刺激经济增速发展。紧缩性货币政策则相反。紧缩的货币政策表现为提高利率，减少货币供应，迫使企业减少投资，控制生产规模，降低经济发展速度。

一个国家的中央银行，作为经济的监管者和调控者，货币政策是其进行宏观经济调控的主要方式。根据货币政策的传导途径不同，可以分为数量型货币政策和价格型货币政策两大类。数量型货币政策主要关注 M1，M2 等货币供应量指标。其中，M1 叫做狭义货币，包括：流通中的现金＋企事业单位活期存款；M2 叫做广义货币，包括：M1＋企事业单位定期存款＋居民储蓄存款。而价格型货币政策主要关注的指标则是利率。

在市场经济国家，多用价格型货币政策。中央银行通过调整货币供应量影响短期名义利率，进而影响长期名义利率；在存在名义价格刚性的条件下，名义利率的变化将会导致实际利率的变化，从而影响实际消费和投资支出，并最终对实体经济产生影响。随着我国经济市场化程度的提高，央行货币政策应更多地加强对价格型工具的应用。这就意味着，我国将更多地以利率作为中介目标。央行利率调整之后，需要经过一个复杂的传导过程，才能最终作用于实体经济。这个传导过程就是货币政策传导机制。

目前我国利率市场化程度不高，我国货币市场和信贷市场之间缺乏有机联系，我国货币政策的利率传导渠道应该一分为二地看。

一是经典意义上的利率渠道，即中央银行通过公开市场操作影响货币市场利率，进而影响整个金融市场（包括资本市场和房地产市场）的利率，最终影响实际产出和物价水平的过程。一个完整的市场利率渠道如下：中央银行设定目标利率——央行公开市场操作（发行央票，债券回购等）——央票利率和债券回购利率变化——银行间市场利率变化——金融市场利率变化——消费和投资变化——产出和物价变化——中央银行目标利率的调整。

另一个是非经典意义下的利率渠道，即中央银行直接规定基准存贷款利率，商业银行在允许的浮动范围内决定实际贷款利率，从而影响企业和消费者的融资成本，并最终对实体经济和物价水平产生影响。一个完整的管制利率渠道可以表述为：中央银行规定贷款基准利率——（在允许浮动范围内）商业银行决定最终贷款利率——消费和投资变化——产出和物价变化——央行存贷款基准利率的调整。

我国央行运用的货币政策调控工具主要有四种：信贷计划、存款准备金制度、再贴现制度、利率政策，其中利率政策比其他调控工具更为直接有效，能在更短时间抑制通货膨胀和减少"负利率"。中国人民银行根据货币政策实施的需要，适时的运用利率工具，对利率水平和利率结构进行调整，进而影响社会资金供求状况，实现货币政策的既定目标。

经济增速过快，发生泡沫时，上调贷款基准利率使货币供给减少，从而使投资、消费减少，最终造成总产出的减少，有利于避免加速的增长演变为经济过热；经济不景气时，政府一般通过调低利率来降低投资成本，促进投资，进而拉动经济。当贷款规模过大时，提高利率抑制贷款、增加存款，可压缩贷款总额、控制社会投资规模。相反，当信贷规模过于紧缩时，则降低利率以放活贷款，减少存款，可增加贷款总额，扩大社会投资规模。

1.3 利率的主要分类

利率是个庞大的家族。各种利率是按不同的划分法和角度来分类的，以此更清楚地表明不同种类利率的特征。按照计息方式不同可分为：单利和复利；按计算利率的期限单位可划分为：年利率、月利率与日利率；按借贷期内利率是否浮动可划分为：固定利率与浮动利率……利率的各种分类之间相联系、相互交叉，彼此间保持相对结构，共同构成一个有机整体，从而形成一国的利率体系。

1.3.1 单利与复利

单利，顾名思义就是简单利率，它只是对本金计算利息，而对之前已经产生的利息在后期不再计算利息。这是计算利率最为简单的一种方法。复利又称复合利率，是指前期赚取的利息在后期计入本金会赚取附加利息，即俗称的"利滚利"。比如说，居民李先生存了一年的定期存款，设置了自动转存，二年后取。则在第一年是第一个存期，按单利计算利息。第二年是第二个存期，也按单利计算利息。而两个存期之间是按照复利公式计算的，即第二个存期是以第一个存期到期后的本息合计作为第二个存期的本金，进行利息计算，也就是说第一个存期的利息起到了复利的作用。

现在，让我们考察一下通常称为普通贷款的最为简单的债务工具。在这种贷款交易中，贷款者向借款者提供了一定金额的资金，借款者在到期日必须向贷款者偿还这笔本金，同时还要支付额外的利息。举个例子，你向李先生发放一笔 1 年期的普通贷款，金额为 100 元，你要求他在 1 年后偿还 100 元的本金，同时支付额外的利息，比如说 10 元。那么在这种普通贷款的案例中，计算利率的一种简单合理的方法是用利息除以本金来获得，即 $i = 10$ 元$/100$ 元$= 0.1 = 10\%$，这种计算方法就是单利率。如果你发放了这笔 100 元贷款，1 年后你将得到 110 元，即 100 元×(1+0.1)＝110 元。如果现在你将这 110 元再次放贷出去，那么在第 2 年年末你将得到 110 元×(1+0.1)＝121 元，或者等于 100 元×(1+0.1)×(1+0.1)＝121 元。如果继续像这样发放贷款，在第 3 年年末你将得到：121 元×(1+0.1)＝100 元×(1+0.1)³＝133.1 元。

概括来说，我们可以发现在第 n 年年末，这 100 元将变成 100 元×(1+0.1)ⁿ。像这种将上一期的利息计入下一期的本金中再赚取额外的利息就是复利计算方法。

下面我们再拿日常生活中最普遍的存款举个例子，现在假设你有 100 元准备存银行定期，年利率为 5%。如果按单利公式计算，3 年后得到 115 元。如果按复利公式计算，3 年后本息共计 115.7625 元。你可能会说，不过是区区 7 毛 6，计较什么呢？但假如不是 3 年，而是存 40 年呢，年利率如果一直是 5%，40 年后按单利只有 200 元，而复利"利滚利"到期本息和为 704 元，居然是单利计算的两倍之多！可见复利的力量多么惊人！

著名的物理学家爱因斯坦称："复利是世界上第八大奇迹，其威力甚至超过原子弹。"投资的最大魅力就在于复利的增长，每年的收益还可以再产生收益。如果每年有 10% 的收益，大约 7 年就可翻一番。

1.3.2 实际利率与名义利率

说完单利和复利，我们再来谈谈名义利率和实际利率。可能乍一听，这两个名词还不太熟悉，可是提起通货膨胀率，相信大家并不陌生。新闻媒体每天都在报道我国的通货膨胀率的变动，政府将采取措施控制通胀，高通胀会不会影响我国的经济发展等等。通货膨胀率和我们的利率之间又有怎样的关系呢，当我们在以利率作为标准衡量收益或成本时，这种联系会不会影响到我们投资者的投资决策？

假定一年前你在银行存了 1000 元，期限一年，约定利率为 10%，那么现在你将得到 1100 元的现金。这多出的 100 元是你的真实收益吗？这实际上取决于这些钱和一年期究竟可以买多少东西。如果上一年的通货膨胀率为6％，也就是说，你手中的钱在过去的一年中已经贬值了6％，一元钱能买到的东西在一年内减少了6％。因此，利息收益的一部分将弥补由于通货膨胀6％导致的购买力下降的部分。如果有10％的利率，减去6％的购买力损失，你的购买力最终只能净增加4％，这就是实际利率，反映的是实际购买力的增加。而存款的约定利率10％为名义利率。

假如在金融资产持有期间内发生了通货膨胀，即使市场利率没有发生变化，但投资者按市场利率所获得的货币收入的实际购买力也会因此降低。我们把没有扣除通货膨胀因素的利率称为名义利率。名义利率就是大家一般意义上所说的利率，没有考虑通货膨胀的因素，具有一定的迷惑性，在一个通货膨胀率比较高的环境，较高的名义利率并不一定能带来很高的回报。而实际利率是在名义利率的基础上扣除了通货膨胀的影响，反映的是通过让渡资金使用权获得的实际购买力，更具有可比性。

作为贷款人，实际利率的意义在于，它是剔除了物价变动因素后的实际利率，或者是消除了货币本身价值变动影响后的真实购买力。此种利息才是借款人因使用资金而支付出的真实成本。因此，实际利率更能精确的放映贷款人所获利息的真实购买力的情况。

1.3.3 现值与贴现率

我们先来介绍一下现值的概念，现值或者折现值的概念来源于这样一个比较：1年后获得的1元钱的价值要低于现在获得的1元钱的价值。因为如果现在你将这1元钱存入储蓄账户以获取利息，那么1年后你得到的金额将超过1元钱。现值其实就是未来的现金流现在的价值，让我们回顾一下单利与复利那一节的普通贷款的例子，我们可以发现今天拥有的这100元和1年后拥有的110元是相同的。同样，今天拥有的100元与2年后拥有的121元，3年后拥有的133.1元以及n年后拥有的$100 元 \times (1+0.1)^n$元也是相同的。举例来说，3年后的133.1元$= 100 元 \times (1+0.1)^3$等于今天的100元，即$100 元 = \dfrac{133.1 元}{(1+0.1)^3}$。

这个计算未来收益现期价值的过程称为对未来的贴现。

现在让我们用现值的概念来看一下累计奖金的价值，如果你刚刚赢得了彩票 2000 万元的奖金，该奖金承诺在未来的 20 年中每年支付给你 100 万元。你当然感到非常兴奋，但是你真的赢得了 2000 万元吗？从现值的角度上看，就并不是这样。分 20 年支付的 2000 万元如果全部折算成现值，会远远低于 2000 万元这一数值。我们假设利率为 10%，第一次支付的 100 万元的现值就是 100 万元，然而第 2 次支付的 100 万元的现值就是 100 万元／$(1+0.1)＝909090$ 元，远远低于 100 万元，第 3 年支付的现值为 100 万元／$(1+0.1)^2＝826446$，以此类推。将按年支付的奖金现值加总，我们得到的是约为 940 万元，远远低于了 2000 万元。

由于你掌握了现值的概念，你会意识到你其实并没有真正赢得这 2000 万元，实际获得的奖金还不到这个数额的一半。

从专业的角度说，贴现是指商业票据持有人在票据到期日前将商业票据的所有权转让给金融机构，金融机构在扣除利息后将低于票据面额的现款支付给转让人的行为，由于这种行为相当于把票据面额打个折扣，所以称之为贴现。所扣除的利息与票据面额之比就是贴现率。如果商业银行将已同客户办理过贴现的未到期的商业票据的所有权转让给中央银行，并向中央银行要求付给现款，就叫做再贴现。

利率和贴现率的区别在于，利息的支付时间归属问题：利率为每一计息阶段期末支付的利息与本金的比率，而贴现率则为每一个计息阶段期初支付的利息与商业票据面额的比率。因此，利率说明的是资本在期末获得利息的能力，而贴现率说明的是资本在期初获得利息的能力。由于货币是有时间价值的，因此在贴现情况下，贷款者实际所获得的利息将超过贴现率所表示的水平。举个例子，如果你持有一张 1 年以后到期的面值为 100 元的商业票据，由于急需现金，所以现在你到银行将票据进行贴现。如果银行支付给你 90 元，那么银行的贴现率为 $10/100×100\%＝10\%$。对于银行而言，银行在期初支付了 90 元，在一年后票据到期可得到 100 元，因此，这 90 元所产生的利息是 10 元，相应的利率为 $10/90×100\%＝$

11.11％。我们可以看出，利率水平大于贴现率水平。

1.3.4 即期利率与远期利率

即期利率和远期利率在期货、期权和其他衍生金融工具的定价中是一对非常重要的概念。所谓即期利率，是指债券票面所标明的利率或购买债券时所获得的折价收益与债券当前价格的比率，它是某一给定时点上无息证券的到期收益率。例如，如果目前投资的 1 元本金在一年末的累计值为1.05 元，那就意味着 1 年期的即期利率为 $(1.05-1)/1 \times 100\% = 5\%$；如果两年末的累计值为 1.1 元，在复利条件下，2 年期的即期利率 i 满足：

$$1 \times (1+i)^2 = 1.1$$

因此 2 年期的即期利率约为：4.88％

所谓远期利率，是指未来两个时点之间的利率水平。如果一份远期利率协议规定，贷款人同意在 3 个月之后向借款人按 3％的年利率贷款 100万元，期限为 1 年，那么这个 3％的年利率就是一种远期利率。值得注意的是，由于未来利率的不确定性，远期利率不必是未来某一期间的实际利率，而是一种"收支相抵"的利率。

1.3.5 固定利率与浮动利率

根据利率在偿还期内是否发生变化，可将利率区分为固定利率和浮动利率。固定利率是指在整个借贷期间内，利率不随物价或其他因素的变化而调整的利率。浮动利率是指在借贷期限内利率随物价或其他因素变化相应调整的利率。

我们以债券来举个例子。固定利率是指在发行债务工具时规定利率在整个偿还期内不变。浮动利率债券的利率则是随市场等因素不断调整变化的。通常会根据市场基准利率加上一定的利差来确定。美国浮动利率债券的利率水平主要参照 3 个月期限的国债利率，欧洲则主要参考伦敦同业拆借利率 Libor。

按照获取收益方式的不同，银行理财产品被分为固定收益型理财产品和浮动收益型理财产品。固定收益型类似于存款，银行向客户承诺支付固定收益。这类产品的投向大多是国债、企业债、短期融资券、同业拆借等领域，风险较小，收益有保证。浮动型产品是银行根据约定条件和实际投资收益情况向客户支付收益，但这个收益是不保证的。这类产品的投资范围较广，如信托计划或者应收债权等。这类投资有一定风险。

1.3.6 基准利率

基准利率在整个利率体系中起主导作用的基础利率。它的水平和变化决定其他各种利率的水平和变化。基准利率是金融市场上具有普遍参照作用的利率，其他利率水平或金融资产价格均可根据这一基准利率水平来确定。基准利率是利率市场化的重要前提之一，在利率市场化条件下，融资者衡量融资成本，投资者计算投资收益，以及管理层对宏观经济的调控，客观上都要求有一个普遍公认的基准利率水平作参考。所以，从某种意义上讲，基准利率是利率市场化机制形成的核心。

市场经济国家一般以中央银行的再贴现率为基准利率；计划经济国家，由中央银行制定。在中国，中国人民银行对国家专业银行和其他金融机构规定的存贷款利率为基准利率。另外，在中国的利率政策中，一年期的存贷款利率具有基准利率的作用，其他存贷款利率在此基础上经过复利计算确定。西方国家商业银行的优惠利率也具有基准利率的作用。市场利率的形成及其变动都参照此利率水平及变化趋势。

基准利率和公开市场操作是中国人民银行实现货币政策目标的重要手段，也是央行货币政策的风向标，上调基准利率代表政府将紧缩经济，抑制经济过热，可以预期未来利率会不断上涨；下调基准利率代表政府在刺激经济，放松银根，未来利率会相应的下降。掌握基准利率在经济中的政策指示性作用对于投资者顺应政策方向进行投资决策具有非常重要的意义。

1.4 利率走入寻常百姓家

通过之前的介绍，我们知道利率在理财市场上起到非常关键的作用，它既是持有资金的机会成本，又是其他金融资产进行定价的基准利率，也是国家调控经济的重要工具和手段。实际上，利率与我们百姓的生活、理财也息息相关。在我们老百姓的日常生活中，处处也都有利率的身影。当利率上升时，不仅我们的存款利息会增加，同时房贷车贷的成本会相应增加，对我们的消费也会形成影响。当利率下降时，我们的存款利息会减少，但也意味着我们需要支付的房贷负担也会减轻，买房买车更加容易。

1.4.1 利率与储蓄

现在人们已经很少在家里存钱，我们总是把暂时不用的存进银行。利率的变动会直接影响存款利息的收入，因此直接影响到我们储蓄的多少。存款利率相对于其他投资收益率上升时，以赢利为目的的存款收益随之增加，此时存款对我们来说更具有吸引力，储蓄总量就随之增加；反之，存款利率下降时，存款收益随之减少，人们就会倾向于投资其他更具有吸引力的项目，储蓄总量也随之减少。利率不仅会影响储蓄的总量，也会影响到储蓄的结构。在低利率水平上，人们会努力寻找其他收益更高的投资，居民的流动性偏好会增强，定期存款的比重会大幅度下降，活期存款的比重则会相对上升。

1.4.2 利率与投资

利率变动不仅会使我们银行存款利息产生变化，同时还影响着债券、股票等资产价格的裱花。由于债券价格是债券带来的未来现金流的折现值，所以债券的市场价格与市场利率成反比。当利率上升时，债券价格下跌，反之亦然。利率与债券价格的这种关系，投资者可以利用它在持有货币与债券之间进行选择。如果预期利率将下跌即债券价格将上涨，则人们愿意现在少存货币和多买债券，以便将来债券价格上涨时卖出债券获利，反之，预期利率的上升使得人们愿意多存货币和少存债券，即把手里的债券卖出，转换为货币，以避免将来债券价格下跌时遭受损失。

不单单是债券，股票也同样与利率有着千丝万缕的联系。对股票市场及股票价格产生影响的种种因素中最敏锐的莫过于货币因素。在货币因素中，利率水准的变动对股市行情的影响又最为直接和迅速。一般来说，利率下降时，市场资金充足，股票的价格会相应得上涨；利率上升时，市场资金紧缩，股票价格就会下跌。因此，利率的高低以及利率同股票市场的关系，也成为股票投资者据以买进和卖出股票的重要依据。

利率会也对社会总投资产生直接的影响。在投资收益不变的条件下，因利率上升而导致的投资成本增加，必然使那些投资收益较低的投资者退出投资领域，从而使投资需求减少。相反，利率下跌则意味着投资成本下降，从而刺激投资，使社会总投资增加。正是由于利率具有这一作用，西方经济理论界与货币管理当局都把利率视为衡量经济运行状况的一个重要指标和调节经济运行的重要手段。利率的变动对投资规模到整个经济活动的影响是巨大的，并在实践中反复得到了检验。

1.4.3 利率与消费

宏观经济告诉我们，当利率下降时，降低了人们现期消费的机会成本，有利于刺激需求的扩张和消费结构的升级。这种观点很容易理解，利率降低，利息收入随之减少。又因为通货膨胀等因素，与其把钱存在银行里，不如把它取出来花掉，满足现期的消费需求。利率降低，贷款的成本随之下降，则人们买房买车的意愿也会增加。

我们用消费信贷比例比较高的房地产举例。2007年上半年，我国大部分地区房价上涨过快，局部地区已经出现房地产"泡沫"现象，严重影响了国民经济的健康、持续发展。为了抑制快速上涨的房价，稳定社会、经济秩序，截至2007年9月15号，中国人民银行在短短一年内连续加息5次。利率上调直接增加了购房者的房贷压力，从而抑制住房消费需求。大量的住房消费性需求退出房地产市场，使得房地产市场景气指数大大下降，也影响了房地产开发商对未来房地产市场的预期。

通过这一章的介绍，我们已经初步了解了什么是利率，一些重要的利率指标，以及利率在我们的生活中扮演的丰富多彩的角色。利率是经济学中一个重要的金融变量，几乎所有的金融现象、金融资产均与利率有着或多或少的联系。当前，世界各国频繁运用利率杠杆实施宏观调控，利率政策已成为各国中央银行调控货币供求，进而调控经济的主要手段，利率政策在中央银行货币政策中的地位越来越重要。合理的利率，对发挥社会信用和利率的经济杠杆作用有着重要的意义。

1980 年之前我国银行利率几乎没有变化，而且利率水平很低。之后，银行利率不断升高，最高时银行年利率加保值贴补率高达 20% 之多。随着通货膨胀的有效抑制，银行利率又逐年下降。2000 年银行利率已降至 2% 左右，而在近 10 年以来连续 8 次下调存贷款利率后，央行于 2006 年 10 月底首次加息，从 2004 年 10 月 29 日起上调金融机构存贷款基准利率。银行利率的大起大落反映我国经济系统没有运行在最佳轨道上。现在，随着我国金融改革的深入，利率将不再由中央银行决定，而将由市场说了算。什么是利率市场化，利率市场化对利率会产生哪些影响，对理财产品市场又会产生哪些影响，这一系列的问题我们下一章再进行介绍。

第2章　利率市场化——山雨欲来风满楼

利率市场化是市场经济必须逾越的门槛，也是不可逆转的改革进程。20 世纪 80 年代以来，西方发达国家金融自由化的发展，极大地冲击了传统的利率管制，并最终导致了全面的利率市场化。根据建立社会主义市场经济的要求，对照我国加入 WTO 后的游戏规则，如果没有利率的市场化，就无法构建完整的市场体系，也无法应对金融全球化的挑战。

2.1 利率管制和市场化

2.1.1 利率市场化的概念

利率市场化是指中央银行逐步放松和消除对利率的管制，由市场主体根据资金市场的供求变化来自主调节利率，最终形成以中央银行利率为引导、以货币市场利率为中介、由市场资金供求决定的市场利率体系和利率形成机制。利率市场化包括：利率决定、利率传导、利率结构和利率管理的市场化。

我国一直实行的是利率管制。世界上很多国家都曾经实行过利率管制，但是目前绝大多数国家都已经实现了利率市场化。利率市场化不是不要任何形式的政府干预，其实中央银行对基准利率的设定具有决定性的影响。当前世界上大多数国家的核心基准利率，为银行间隔夜拆借利率或国库券隔夜回购利率。这些利率的基本特征是：它们对货币市场资金供求状态最敏感，是金融中介机构流动性的边际成本，是整个市场利率体系的参照指标。

这些基准利率通常也是以盯住利率的形式执行货币政策的中央银行政策目标利率。而以盯住货币数量的形式执行货币政策的中央银行大多不公布政策目标利率。但中央银行通过公开市场操作增加或减少货币供给量时，银行间隔夜拆借利率或国库券隔夜回购利率必然相应下降或上升。由于中央银行的货币政策对核心基准利率有决定性的影响，所以也被称为中央银行基准利率。但与我国中央银行基准利率不同的是它们不由中央银行行政命令设定，而是通过公开市场操作等市场化手段设定。

2.1.2 金融管制的弊端

金融管制是政府管制的一种形式，是伴随着银行危机的局部和整体爆发而产生的一种旨在保证金融体系的稳定、安全及保护投资人利益的制度安排，是在金融市场失灵的情况下由政府或社会提供的纠正市场失灵的金融管理制度。从这一层面上来看，金融管制至少可以提高金融效率，增进社会福利。但是，金融监管是否能够达到这样的效果还取决于监管当局的信息能力和监管水平。在现实经济社会中，金融机构普遍存在道德风险行为，即在无人监督的情况下采取高风险的行为，造成金融监管的低效率和社会福利的损失。

在我国，高利贷过度就是金融管制的后果。多次存款准备金率的提升，显著收缩货币供应量，而且导致银行可贷资金高度紧张。一方面是负的实际利率，一方面是银行可贷资金受限。双重因素作用下，银行资金成为供不应求的"短缺商品"。在这样的背景下，地下钱庄和高利贷的流行顺应了强烈的民间融资需求。在我国经济比较发达的温州和资金相对充裕的鄂尔多斯等地，地下钱庄、民间借贷比比皆是。人们不愿意把钱存到银行，而是去寻找地下钱庄或进行民间借贷，因为民间利率已经是银行利率的数倍。

在中国市场体系初步建立、经济微观主体市场化、金融交易急剧增长的情况下，利率市场化迟迟不启动，导致了资源配置的严重扭曲。最初，保持银行高利差，可以帮助银行体系积累利润和资本实力，冲销历史遗留的坏账。但长期保持高利差，使得银行能轻松"坐着挣钱"，不利于银行管理效率的提升，也导致银行成为公众存款的"分利者"而非价值创造者。金融是现代市场经济的血液。金融体系的市场化，是市场经济良性运转的前提条件。只有放松金融管制，降低银行业进入壁垒、打破国有垄断，加快利率市场化步伐，消除负的实际利率，才能真正对高利贷起到釜底抽薪之效。

2.2 利率市场化是大势所趋

2.2.1 发达国家经验

（1）日本利率市场化经验

1950 年代以后，日本经济在低利率水平和严格控制货币供应量的政策支持下获得迅速发展。从 1950 年代到 1973 年 20 年的时间里，日本经济处于高速成长期。1973 年，世界性石油危机爆发，日本经济结构和资金供需结构也有了很大变化。在安定成长期，企业改变扩张性策略，缩减设备等投资，增加企业自我资金积累。因而，外部资金的需求逐渐降低，截至1972 年，企业内部积累资金占企业资金需求的90％以上。与此同时，日本国民的储蓄水平也大幅提高，个人存款总额从 1955 年至 1970 年增长了 14倍。在这种情况下，日本政府为刺激经济增长，只能利用财政支出加大基础设施建设来拉动经济。

日本的利率市场化发端于 20 世纪 70 年代。首先以国债发行和交易利率自由化为日本利率市场化寻找突破口。其次，丰富金融市场，完善交易品种，逐步实现利率自由化。通过拓展市场交易品种，扩大市场交易规模，丰富市场交易主体，成功实现了银行间市场、公开市场的大额交易利率自由化，并采用逐渐降低已经实现自由化利率交易品种的交易单位，扩大交易范围，加强各交易品种的利率联系，最终完成普通存贷款市场的利率自由浮动。经过近 20 年的努力，到 1994 年日本利率市场化基本完成。

　　（2）美国利率市场化经验

　　自由竞争和没有任何现代银行监管制度是 20 世纪 30 年代前美国银行的主要特征。银行存贷款利率几乎不受任何干预，无序而盲目的竞争未受到约束与监管，健康的市场利率形成机制也未能形成。恶性竞争导致金融危机的发生，并对经济产生巨大冲击，为了恢复金融秩序，20 世纪 30 年代美国政府开始实施 Q 条例，采取存款保险制度、限制利率水平、分业经营、加强联邦监管机构权力等措施。这些措施对美国经济的增长和金融稳定发挥了重要作用。

　　然而，Q 条例的适用范围扩大至储蓄、贷款协会和互助储蓄银行后，受通胀率提高市场利率高于规定上限影响，存款机构吸收存款的能力下降。尤其是货币市场互助基金的面世，直接对银行业的存款提出了挑战。各存款类机构都出现经营困难的情况，一些储蓄协会和贷款协会出现了经营危机，银行信贷供给能力下降，全社会信贷供给量减少。此时，人们不得不考虑 Q 条例的存废问题。

　　1980 年 3 月，美国政府制订了《存款机构放松管制的货币控制法》，决定自 1980 年 3 月 31 日起，分 6 年逐步取消对定期存款利率的最高限，即取消 Q 条例。1982 年颁布的《加恩－圣杰曼存款机构法》，详细地制定了废除和修正 Q 条例的步骤，为扩大银行业资产负债经营能力，还列明了一些其他与利率市场化相关的改革。1983 年 10 月，"存款机构放松管制委员会"取消了 31 天以上的定期存款以及最小余额为 2500 美元以上的极短期存款利率上限。并于 1986 年 1 月，取消了所有存款形式对最小余额的要求，同时取消了支付性存款的利率限制。1986 年 4 月，取消了存折储蓄账户的利率上限。对于贷款利率，除住宅贷款、汽车贷款等极少数例外，也一律不加限制。Q 条例完全终结，利率市场化得以全面实现。

2.2.2 发展中国家经验

　　（1）拉美发展中国家利率市场化教训

拉美国家的利率市场化改革是从20世纪70年代中期开始的，当时宏观经济不稳定，财政赤字居高不下，通货膨胀率极高，而储蓄率、投资率非常低，经常账户有较大赤字。在这种宏观背景下，拉美国家基本采取的是激进式改革。阿根廷是拉美国家中率先推行利率市场化的国家。1975年取消了储蓄存款利率以外其他利率限制，1976年放宽了储蓄存款利率限制，1977年6月取消了所有利率管制，实行利率的全面市场化，整个过程只用了两年时间。智利从1974年5月开始放松利率管制，到1975年4月取消所有利率管制，利率市场化进程只用了一年时间。这些拉美国家在采取激进的利率市场化改革的同时，还进行了全方位的金融自由化的改革，如资本项目的对外开放，金融机构的整合等。

在如此重大的金融改革过程中，拉美国家不但没有加强银行系统和金融机构的监管，反而放松监管，导致金融系统混乱，银行违约风险加剧。宏观经济的不稳定与金融监督失控导致了实际利率居高不下的巨幅波动，国内过高的实际利率一方面使得风险企业追逐高收益率，而低风险有还款能力的企业撤离市场，以致银行贷款风险集中，贷款质量下降，金融风险不断聚集；另一方面国内利率差悬殊，在资本项目开放的情况，吸引大量国际资本，本币升值，出口下降，经济环境恶化，最终这些拉美国家不得不回到金融管制的旧体制，利率市场化改革以失败告终。

（2）亚洲发展中国家的经验教训

亚洲国家的利率市场化改革以印尼、韩国等国家为代表，这些国家初始进行利率市场化改革的宏观经济较为稳定。大多数亚洲国家利率市场化进程是慎重而渐进的，并注重对金融系统的监管和调控，所以利率市场化改革总体上是基本成功的。

印尼于1983年取消利率管制，但对利率上限仍实行控制，经过三年的运行后，才开始全面开放利率，实现利率全面市场化。即便如此，印尼的利率市场化改革也还是遭受了挫折。由于印尼资本项目开放早于利率市场化改革，利率放开后，国际资本游资套利和对货币贬值的预期心理，使得实际利率大幅上升，致使公司财务状况恶化，债务增加。但印尼政府对银行体系的严格监管和有效调控，其他配套改革审慎进行，印尼的利率市场化改革已取得了初步成功。

韩国利率市场化改革更为谨慎，韩国在1980年代开始，逐渐放松了对部分存贷款利率的限制，这一进程一直持续到90年代，到了1996年，全部贷款利率和大部分存款利率市场化，然后再用两年时间，实现利率的全面市场化。韩国在实现利率市场化目标进程中，首先是进行结构性调整和其他金融自由化改革尝试，以加强金融系统竞争格局，增强市场机制作用。在宏观经济相当稳定，有效的银行监管机制建立起来后，才开始放开利率管制，同时加强和完善银行监督体系，保证利率市场化的成功实现。

2.2.3 转轨国家经验

（1）俄罗斯的激进式利率市场化经验

与中国"产权明晰"的改革方式不同，以俄罗斯为代表的中、东欧国家采取了激进式的财产私有化改革路径。特别是俄罗斯，在经济转轨初期便实行"休克疗法"，在金融领域迅速实行金融自由化政策，并实行利率市场化改革。

俄罗斯的利率市场化改革分为两个阶段：1993年以前和1993年以后。第一阶段（1992－1993年）：经济转轨初期，即利率市场化改革的初期，俄罗斯中央银行依然采取计划经济体制模式，向商业银行直接分配信贷额度，并规定各种利率水平。这一时期，俄罗斯建立了法定存款准备金制度，并且在1992年俄罗斯中央银行首次运用公开市场操作（国家债券的交易）来调节货币供应量。第二阶段（1993－1994年）：从这一时期开始，俄罗斯中央银行开始采取拍卖方式分配信贷额度，通过拍卖形成一种市场基准利率，然后再通过调节再贴现率、存款准备金率及公开市场业务间接调控利率水平，使利率水平逐渐由市场供求决定，这意味着利率的逐步市场化。

（2）越南的渐进式利率市场化经验

越南在利率市场化过程中，重视法律制度建设，于1998年产生了《银行法》，为越南的利率市场化改革提供了良好的条件。在此环境下，越南逐步实现利率市场化改革，其重要举措是逐渐放宽对金融的限制，培养利率市场化的微观主体，20世纪90年代开始允许建立有限的私人银行。2000年，越南的利率市场化改革取得长足进展，中央银行为了改革金融制度，取消了美元贷款的固定利率制，使利率随外国市场利率波动，这是越南首次实施与国际市场联动的利率制度，同时，越南中央银行决定从2000年起停止对越南盾的固定利率上限限制，实行浮动利率制。为了不因利率放开造成货币市场混乱，外贸银行、工商银行、投资与发展银行，以及农业和农业发展银行等4家国有银行达成贷款利率协议，旨在避免银行之间为争取客户而降低贷款利率。越南稳定的、以利率市场化为核心的经济和金融改革促进了经济的飞跃。1986—1990年，越南的经济增长率达到3.9%，1991—1995年，越南的经济更是高速增长，通货膨胀率降到了10%以下。

2.3 中国利率市场化进程

2.3.1 计划经济时期的管制

利息被认为是资本利得，是不劳而获。按照马克思主义经济学，利息是贷出资本的资本家从借入资本的资本家那里分割出来的一部分剩余价值。古希腊在公元前800年到公元前600年间，就颁布法律规范利率。古罗马在公元前443年规定利率不得超过8.3%；公元前88年，将最高利率提高到12%。在罗马帝国（公元前27年—395年）时代，利率在多数时期都是放贷人与借款人之间的约定，没有法律规定限制，民间利率一般在4%~12%之间。多数宗教认为，利息收入不是劳动所获，是罪恶的，因此，禁止放贷收取利息。

在计划经济时期，我国把利息作为剥削来看待，因而利率越低越好。在"文革"时，还曾经提出过要取消银行利息的概念。在低利率体现社会主义优越性、高利率就是剥削的思想导向下，国家曾大幅调降存贷款利率、缩小计息范围，减少利率档次。然而即便在这一特殊的历史时期，利率也未能被消灭，客观上仍发挥着对经济运行的调节作用。当时虽然利率低，但比无息强，由于投资渠道单一，存款有息还是发挥了鼓励老百姓储蓄、为银行集中资源发放贷款的积极作用。而低息贷款则导致投资饥渴和流动资金紧张，国家只能用计划的方式来配给信贷资源，造成了资金使用的低效率和企业的资金饥渴症。

2.3.2 金融改革逐步放开

1993 年，党的十四届三中全会《关于建立社会主义市场经济体制若干问题的决定》提出了利率市场化改革的基本设想。2002 年，党的十六大报告指出，"稳步推进利率市场化改革，优化金融资源配置"。2003 年，党的十六届三中全会《关于完善社会主义市场经济体制若干问题的决定》对利率市场化改革进行了纲领性的论述，"稳步推进利率市场化，建立健全由市场供求决定的利率形成机制，中央银行通过运用货币政策工具引导市场利率"。至此，利率市场化的改革目标得以确立。

经过 20 年的准备，中国现阶段已基本具备了继续加快推进利率市场化的基础条件。近年来理财、信托产品的爆发式增长显示了市场化的价格调整需求，而资本市场规模的扩大、债券市场品类体系逐渐完善，表明市场化定价的金融资产领域不断扩大；金融机构初步建立了市场化的利率定价架构，银行存贷款定价的市场化程度不断提高，微观基础日益牢固；央行利率调节体系逐步完善，运用货币政策工具引导市场利率的能力进一步提高。从内在驱动因素及外部条件两方面看，进一步推进利率市场化的环境逐渐成熟，中国在宏观和微观机制层面也已经基本具备了利率市场化的条件。

2.3.3 中国利率市场化的路线图

《2002 年中国货币政策执行报告》公布了我国利率市场化改革的总体

思路：先外币、后本币；先贷款、后存款；先长期、大额，后短期、小额。中国人民银行还为利率市场化进程设定了近期、近中期和中期目标。此后，利率市场化改革沿着这样的路线图不断推进，取得了很大进展。2012 年年中，中国人民银行宣布调整存贷款利率上下限后，贷款利率已经放开。银行存款利率放开成为最后的堡垒。

　　根据央行的规划，下一步存贷利率将逐步全部放开。存款利率方面，可先取消五年期定期存款基准利率，由金融机构自主确定，这样，存款基准利率期限档次由七档简化为六档；贷款利率方面，央行计划将贷款基准利率的期限档次由五档简并为三档，即将目前六个月以内（含）、六个月至一年（含）两档归并为一年（含）以内一档。将一年至三年（含）、三年至五年（含）两档归为一年至五年（含）一档。仍保留五年以上的档次。

　　在具体路径设计上，央行希望从允许合格审慎机构在银行间同业市场上发行同业存单入手，丰富金融机构市场化负债产品。这考虑到了近年来同业融资市场发展迅速，同业融资利率已经市场化的现实。央行计划在同业存单取得成功经验后，再发行面向企业及个人的大额存单。所谓大额可转让存单（CD），指的是存款人在商业银行的存款证明，一般金额较大，利率参照市场利率浮动，存款期限长于活期。与其他凭证相比，可转让大额存单在到期日之前允许转让。

　　在各方关注的基准利率设定方面，央行的设想是，将现有的上海银行间市场的报价机制安排拓展至信贷市场，使主导存贷款利率报价为信贷市场产品定价提供参考。所谓贷款的主导利率是商业银行对其最优质客户执行的贷款利率，其他利率可在此基础上加减点生成。在贷款利率下限取消后，建立贷款的主导利率集中报价和发布机制，在报价团成员自主报出本行对其最优质客户贷款利率的基础上，由全国银行间同业拆借中心计算并对外公布主导利率的平均利率。

2.4 利率市场化的影响

根据国外经验，利率市场化之后，贷款利率会先升后降。这是因为在金融管制时期，贷款利率往往低于市场均衡水平，而利率市场化之后，贷款利率首先向均衡水平靠近。之后随着商业银行竞争愈演愈烈，市场均衡水平的贷款利率水平降低，从而市场的贷款利率降低。存款利率市场化后，存款利率的上升和下降也取决于初始的存款利率水平是高于还是低于市场均衡水平，一般来说存款利率也会先升后降。但是最终，商业银行竞争将推高市场均衡的存款利率水平。

2.4.1 对金融市场的影响

首先，利率市场化有利于资金资源的优化配置。根据麦金农关于发展中国家金融抑制的理论，利率管制和信贷约束是造成发展中国家金融不发达的根本原因。政府的利率管制使利率水平背离资金供求状况，且往往低于市场均衡水平，在信贷约束下，稀缺的资金资源难以得到优化配置。实现利率市场化，将使信贷配置更有效率，使金融系统和金融市场真正成为引导储蓄转化为投资的中介，提高金融在经济中的地位。

其次，利率市场化将带来金融同业间竞争加剧。在利率报价时，各商业银行虽然可以自主决定利率，但须考虑自身的资金成本、资产负债结构等情况，必须通过低成本的资金来源去提高自己的价格竞争力。各银行势必通过良好的信誉、优质的金融服务、完善的金融产品等非价格手段，各出奇谋争取更多的市场份额，也会加剧竞争的激烈程度。

第三，金融机构的盈利水平将会受到影响。各金融机构由于资产负债结构、资金成本、风险防范能力的不同，对利润带来的影响也各不相同。一般来说，大银行受到的影响较小，小银行受到的影响较大。各银行应根据实际，如本行的资金成本等条件，在考虑盈利的前提下，合理地进行市场定位，制定个性化的竞争策略，理性地确定存贷款的利率水平，处理好报价水平与市场竞争之间的关系。

第四，金融机构的经营风险扩大化。实行利率市场化后，由于资产与负债的不匹配，造成利率缺口风险的存在，而目前我国金融机构规避利率风险的工具十分贫乏，会使金融机构的经营风险扩大化，存在着诸如利率敏感性风险、成熟期不匹配风险等隐患。个别风险管理水平低的中小银行可能会由此而破产。但这有利于提高金融机构的经营自主性，使之早日成为成熟的、对利率敏感的金融市场主体。

2.4.2 商业银行的影响

（1）银行经营发展方式的转型

可以预期的是，当存贷款利率市场化后，商业银行从利率管制的保护下释放出来，将面临更加激烈的市场竞争，整个银行业的结构将会发生变化，银行并购重组趋势加强，一些经营管理能力低下的银行可能面临被淘汰或被兼并的危机，这也将反过来促使银行加快经营转型。在经营模式上，商业银行要彻底颠覆传统的高资本消耗、高成本投入、靠规模取胜的外延粗放式经营发展模式，实现内涵集约化经营，通过精细化资本管理，以最小的资本消耗获取最大的经营收益，以持续稳定地提高股本回报和银行价值。

（2）存款保险制度的建立

利率市场化及其伴生的基于金融市场的创新，使得银行更为依赖全球金融市场的各类交易，金融市场全球性、系统性风险问题将会更加凸显，同时银行经营过程中面临的"逆向选择"和"道德风险"也会更加突出，因此通过建立市场化的风险补偿机制，让市场、股东和存款人合理分摊因银行倒闭而产生的财务损失就成为一项基础性的制度保障。国际经验表明，在利率市场化改革之前或者改革过程中建立存款保险制度，为利率市场化改革的顺利进行提供制度保障是必要的选择，以有效应对少数因经营不善而退出市场的金融机构所带来的社会影响，有效保护存款人的利益。自 20 世纪 30 年代美国建立世界上第一个存款保险制度以来，迄今已有逾百个国家建立了这一制度，存款保险制度在防止银行挤兑和维护整个金融体系稳定等方面起到了积极作用。我国《金融十二五规划》也提出了要建立健全存款保险制度，加快存款保险立法进程，择机出台《存款保险条例》。

2.4.3 投资理财产品将更加丰富

存款利率市场化之后，存款利率的上浮会增加储蓄存款的吸引力，投资者对于最低风险投资品种的需求可以通过存款来实现，因此目前的固定收益类理财产品将受到较大冲击。为此，银行将加快创新，推出更多种类的理财产品。实际上，近几年来，我国银行理财发展很快。2012 年，我国银行理财产品发行数量达到 28000 多支，比 2007 年增长近 20 倍；在发行规模上，2012 年发行规模达 24 万亿元，比 2007 年增长 27 倍。

放松利率管制之后，短期内存贷款利差面临缩小，银行利息收入可能减少，倒逼银行进行业务创新，研发新的服务品种，更多地赚取非利息收入。监管层也将以提高金融服务能力和效率为根本目的，鼓励和加强金融组织、产品和服务模式创新，通过调整监管者功能定位、发展机构投资者和建设多层次金融市场，促进金融创新。

实际上，金融创新伴随着利率市场化过程的始终，或者说利率市场化和金融创新本身就互为因果、相互促进。一方面，金融创新对利率市场化有客观的要求，因为大部分的金融创新是在利率的不确定性基础上产生的，利率市场化给金融创新提供了丰富的土壤，使得金融创新形式更为多样。另一方面，利率市场化也需要金融创新，在进行利率市场化过程中，利率变动更加频繁，市场波动加大，相应需要金融创新来控制风险。

2.4.4 个人投资理财的风险加大

凡是投资都有风险，只是风险的大小不同而已，个人投资理财亦如此。个人投资理财可能遇到的风险：风险是指由于各种不确定性因素的作用，从而对投资过程产生不利影响的可能性。一旦不利的影响或不利的结果产生将会对投资者造成损失。风险分为系统风险和非系统风险。系统风险主要由政治、经济形势的变化引起，如国家政策的大调整、经济周期的变化等；非系统风险主要由企业或单个资产自身因素导致。

　　利率市场化后，个人投资理财的选择多元化了，但相应的风险也加大了。首先是面对各种金融产品，你不知道如何选择。如果选错了产品，那样的损失将无法控制。其次是在利率市场化的情况下，市场利率波动的幅度和频率将会加大，对于确定的产品而言，很可能会跟随市场利率的变化产生不同的风险。对于普通投资者而言，及时跟踪和了解市场利率的变化，加深对多元投资理财方式的了解是将投资风险控制在一定范围的重要方法。

第3章　理财与利率——剪不断理还乱

利率市场化已经是大势所趋，对于已经习惯了利率管制的中国老百姓来讲，利率市场化将给我们的投资理财甚至工作生活带来很大的挑战。利率市场化之后，利率的变化将更加频繁，将进一步加大投资理财的风险。同时，国际经验也表明，利率市场化改革后，社会融资结构将由间接融资为主向以股票、债券为代表的直接融资工具为主转换。老百姓的投资理财选择将更为丰富，但我们的选择难度也将加大。

3.1 利率决定理财收益

利率是各类理财投资产品收益的重要基准和参照系。基准利率就是金融市场上具有普遍参照作用的利率，其他利率水平或金融资产价格或收益水平均要根据这一基准利率水平来确定。在利率市场化的情况下，利率将不再由政府监管部门说了算，各种金融产品的价格将会根据基准利率的变化，由金融机构自行进行调整。利率市场化国家都有自己的基准利率。著名的基准利率有伦敦同业拆放利率（London Inter bank Offered Rate, LIBOR）和美国联邦基准利率。在利率管制的情况下，一般投资者和百姓会把商业银行的一年定期存款利率作为市场基准利率指标，银行则是把隔夜拆借利率作为市场基准利率。在利率市场化条件下，融资者衡量融资成本，投资者计算投资收益，客观上都要求有一个普遍公认的基准利率水平作参考。

LIBOR 是国际间最重要和最常用的市场利率基准。LIBOR 是伦敦金融市场上银行之间相互拆放英镑、欧洲美元及其他欧洲货币资金时计息用的一种利率。起初，伦敦银行同业拆借市场只是银行之间为调整头寸不足而从事英镑短期交易的市场。20世纪60年代后，随着伦敦金融领域里银行同业之间的相互拆放短期资金活动增多，伦敦同业英镑拆放市场开始取代贴现市场，成为伦敦银行界融资的主要场所，LIBOR成为伦敦金融市场借贷活动中计算利息的主要依据。以后，随着欧洲美元市场和其它欧洲货币市场的建立，伦敦银行同业拆放利率在国际信贷业务中广泛使用，成为国际金融市场上的关键利率。目前，许多国家和地区的金融市场及海外金融中心均以此利率为基础确定自己的利率。

当商业银行的存贷款利率市场化之后，意味着国家的基准利率已经由市场供求来决定，这将给各类投资理财产品的价格产生巨大影响。

债券的价格与利率息息相关。一般而言，银行利率上涨将会造成债券价格下降：如果不考虑风险因素，所有资本应该具有同样的报酬率，否则就会出现套利最终使报酬率相同。商业银行利率上涨，投资者就会要求债券有更高的收益率，而债券票息一定，更高的收益率意味着较低的价格，不论游资到底有多少，投资者都会考虑资本的收益率，如果债券的收益率不高，资本肯定不会流向债券市场而会流向收益率更高的地方。相反，如果银行利率下调，由于原发行债券的利率比较高，投资者就会去争先购买债券，导致债券价格上涨。

国债是国家发行的债券。同样，利率走势对国债投资收益影响巨大，表现方式为市场利率上升，则国债价格下跌，投资收益下降；市场利率下跌，则国债价格上扬，投资收益增加。一般说来，如预期未来利率变动趋势是上扬，则投资国债的期限构成应以短期国债为主；反过来，如果预期未来利率有下降可能，则要增加长期国债的投资，减少短期国债的投资。因为国债票面利率高低，同其期限成正比，期限越长，票面利率就越高，反之期限越短，票面利率相对也就越低。如果是浮动利率国债，则未来利率变动对投资收益的影响就小得多。就我国目前来说，它影响的主要是同银行储蓄存款收益的相对大小。

利率对股票的价格影响也非常大。一般来说，利率下降时，股票的价格就上涨；利率上升时，股票的价格就会下跌。因为，利率的上升，不仅会增加公司的借款成本，还会使公司难以获得必需的资金，这样，公司就不得不削减生产规模，减少公司的未来利润。因此，股票价格就会下降。反之，股票价格就会上涨；其次，利率上升时，投资者据以评估股票价值所在的折现率也会上升，股票价值因此会下降，从而，也会使股票价格相应下降；反之，利率下降时，股票价格就会上升；最后，利率上升时，一部分资金从投向股市转向到银行储蓄和购买债券，减少市场上的股票需求，导致股票价格下跌。反之，利率下降时，储蓄收益减少，一部分资金就可能回到股市中来，从而推动股票价格上涨。

上述利率与股价运动呈反向变化是一般情况，我们也不能将此绝对化。在股市发展的历史上，也有一些相对特殊的情形。当形势看好时，股票行情暴涨的时候，利率的调整对股价的控制作用就不会很大。同样，当股市处于暴跌的时候，即使出现利率下降的调整政策，也可能会使股价回升乏力。美国在1978年就曾出现过利率和股票价格同时上升的情形。当时出现这种异常现象主要有两个原因：一是许多金融机构对美国政府当时维持美元在世界上的地位和控制通货膨胀的能力没有信心；二是当时股票价格已经下降到极低点，远远偏离了股票的实际价格，从而使大量的外国资金流向了美国股市，引起了股票价格上涨。

利率对房地产投资也有很大影响。利率上升，资金使用成本加大，土地供给价格上涨，资本边际效率下降，原来一些利润丰厚的开发项目可能变得无利或微利，开发商会停止对无利可图项目的开发，从而减少房地产市场的供给。房地产市场在需求不变的情况下，价格出现上涨。另一方面，利率上升，会增加开发商的融资成本，在房地产开发商具有区域垄断势力的情况下，通过提价而转嫁给购房者。相反，当利率连续大幅度下调时，开发商就会以较低的成本获得资金，房地产开发的利润相对而言就有保证。同时由于利率下调，生产费用相应减少，使得耗用大量建材的房地产建筑安装成本下降。因此，开发商将会加大房地产投资，提高经济效益。如果市场供给量大于居民在低利率刺激下的消费需求，为了增强市场竞争力，开发商很有可能会降低房价。

3.2 理财突破利率管制

在利率市场化进程中，存款利率的市场化提升、各类投资渠道的成熟，将扩大居民的投资选择，而以往国内居民以存款和房地产为主要资产保值的投资手段的局面正将发生一场变革。"大资管"时代的到来正好也迎合了这一需求，随着金融脱媒不断推进，大量居民部门金融资产将进入资产管理行业，这将深刻地改变银行体系和其他金融机构之间的规模对比，改变当前金融机构对于银行系统的依赖。未来随着不同机构对于资金来源争夺的加剧，必然倒逼在产品端的创新提高收益率。

自利率市场化改革启动以来，特别是初期密集出台的政策，迅速实现了货币市场利率、债券市场利率以及外币存贷款利率、人民币协议存款利率的市场化，并于2004年形成央行直接确定金融机构人民币存贷款基准利率和央行对金融机构人民币"贷款利率管下限、存款利率管上限"的格局。到2013年，除存款利率外，其他利率已经全部放开。实际上，非金融企业债务工具的快速发展和银行理财产品的大规模发行，极大地推动了企业筹资利率和个人存款利率的市场化，利率管制没有解除，而利率市场化悄然前行。

理财产品是利率市场化趋势下的产物，同时，也是推动利率市场化前进的主要手段之一。在利率管制没有放开的情况下，随着理财市场不断发展，这种来自市场内在的金融创新和供给双方的推动力量，将进一步加快利率市场化步伐。从我国利率市场化进程来看，已经实现市场化的利率包括：同业拆借市场利率、国债利率、银行间债券利率、境内外币市场贷款利率等。只有人民币存款利率还在管制。从完成利率市场化步骤角度来看，理财产品正是通过开辟商业银行利率竞争空间，对人民币存款利率形成挑战。

存款利率市场化的目标之一是中央银行可以间接调控存款利率走势。

为达成该目标，中央银行通过放开货币市场利率和债券市场利率建立以上海银行间同业拆放利率（SHIBOR）为核心的短期利率定价体系，并最终将 SHIBOR 作为基准利率体系引导金融市场存款利率走势。目前，在存款利率先不具备与 SHIBOR 挂钩的情况下，中央银行逐步将理财产品定价与 SHIBOR 挂钩：先与短期产品定价挂钩，再与中长期产品定价挂钩；先与短期融资券类产品定价挂钩，再与贴现类产品定价挂钩；先与金融债券类产品定价挂钩，再与企业债券类产品定价挂钩，逐步完善以理财产品利率形成机制为重点的利率市场化改革。

从美国、日本等国家的利率市场化进程来看，利率市场化必然伴随着金融脱媒。所谓"金融脱媒"是指在金融管制的情况下，资金供给绕开商业银行体系，直接输送给需求方和融资者，完成资金的体外循环。银行体系也往往通过创新进行"反脱媒"，最终达到一个相对的平衡。我国目前已经实现了包括外币、人民币贷款利率的市场化，只有人民币存款利率还实行管制。在这种利率"双轨制"的情况，投资者为了追求更好的收益，储蓄存款就会不断流向理财产品，理财产品的规模也将持续增长。近年来，我国各类理财产品规模一直保持快速扩张势头。在理财产品数量上，2012 年理财产品发行数量达 28239 支，比 2007 年增长 19 倍；在发行规模上，2012 年发行规模达 24.71 万亿元，比 2007 年增长 26.5 倍；在余额上，2012 年余额达 7.12 万亿元，比 2007 年增长 14 倍；2007～2012 年理财产品发行规模每年平均增长 70.8%，远高于存款的增长速度。

在利率市场化的大背景下，理财产品投向日益丰富。2004 年，人民币理财产品主要投资于债券市场。2006 年开始，面对较高的通胀率，商业银行通过信贷类理财产品充当产品管理行或保证人角色，为融资人进行信用增级，突破贷款利率管制下限，为投融资人实现通过银行进行的"准直接投/融资"理财产品。2008 年之后，我国为应对国际金融危机，投资加大，市场资金需求巨大，信贷类理财产品成为银行为客户进行"表外融资"的重要通道。2010 年 8 月，在科技系统的支持下，银行陆续推出自主品牌的开放式理财产品和短期理财产品，这是理财产品适应客户需求精细化的重要表现。

作为利率市场化的探路者，理财产品为金融机构加强利率定价研究、完善定价微观机制建设、开发定价信息系统等提供了市场化平台。同时，还强化了结构化金融工具的创新，通过跨市场、跨组合型的投资运作方式，整合了金融机构在信贷及银行间市场的传统优势，拓展了其在资本市场、外汇市场和衍生品市场的投资空间，为探索利率定价和迎接存款利率市场化竞争做好充分准备，也为探索利率市场化后中间业务、投资业务和资产负债管理的有机结合提供了平台，也推动了中国利率市场化的进程。

3.3 理财产品将更复杂

在利率市场化之后，金融市场的波动将加剧。传统的固定收益类的简单理财产品不仅无法满足透着的需要，也无法适应金融市场的变化。为了避险，金融衍生产品必然将会成为各个金融参与者规避风险的必然选择。此外，在激烈的竞争下，为了盘活存量资产，各个金融机构必然选择资产证券化，整个市场的资产证券化水平必然上升，资产证券化程度将会加深。在这样的背景下，金融衍生品市场和资产证券化必然发展速度加快。

随着利率市场化的不断深入，利率管制逐步放松，存款利率将会上升，存款型理财的优势不断丧失。随着直接融资和债券市场的发展，理财赖以生存的"资产证券化工具"功能将不断被削弱，理财产品现有的简单、粗放的发展模式在未来生存空间将越来越小。因此，银行理财业务将回归中间业务与受托管理的本源，在客户端向财富管理业务深化，在投资端向资产管理业务转变，通过投资与客户两端进行创新，激发投资者的投资需求，降低成本支持实体经济。长期来看，资产管理业务是理财产品最终的生存形态。

在欧美、日本、香港、台湾等利率市场化国家和地区，已形成种类较为丰富的理财产品体系，能够较为广泛地投资于多个金融市场，并已有一套较为完整的监管制度文件予以规范。除存款以外，银行可向客户提供的理财产品称谓多样、结构各异。从银行与投资者之间的法律关系来看，主要可以归类为基于交易关系的理财产品、基于信托关系的理财产品和基于委托关系的理财产品等三大类。

1. 基于交易关系的理财产品

主要是结构性产品，对于发行银行而言一般不作为虚拟（独立）的会计主体，银行与投资者之间属于交易关系，产品本金不进行单独托管，不管是否归集，都与银行的其他自有资金统一运用，投资于存款或其他固定收益资产，并以一定金额投资于衍生合约。其中，挂钩的衍生合约包括远期合约、期权合约、互换合约，衍生合约的标的资产包括外汇、利率、股价（股指）、商品（指数）、信用等。如台湾和香港地区的结构性存款（Structural Deposit）和结构性票据（Structural Notes）。

2. 基于信托关系的理财产品

主要是基金类产品，对于发行或销售银行而言一般作为虚拟（独立）的会计主体，银行与投资者之间通常属于信托关系，产品本金按照产品文件的相关规定进行投资运作管理，并独立于银行自有资金。其中，理财资金进行单独归集（托管），整体投资范围广泛，每支产品的投资运作需遵循相关法律法规、监管规章及产品文件的规定。境外基金类产品种类非常丰富，也是境外银行理财产品的主体构成。

3. 基于委托关系的理财产品

如我国台湾地区的"代客操作"、美国的"投资管理服务"中细分产品，对于发行或销售银行而言一般不作为虚拟（独立）的会计主体，银行与投资者之间通常属于委托关系，产品本金一般仍保存于投资者的账户内（不归集托管），按照产品文件的相关规定由银行代为投资者进行投资运作管理。

随着利率市场化的推进以及监管的放松，我国已进入"大资管时代"。金融产品的创新步伐将加速，将有更多的金融机构参与到居民资产管理的业务中来，不断推出的花样翻新的各类理财产品。理财产品结构设计日趋复杂，产品挂钩的对象越来越丰富，涉及汇率、指数、债券、股票、贵金属、期货、大宗商品、房地产等。个人理财产品随着金融市场的发展将逐渐多元化。在这种情况，老百姓要想实现个人资产的保值增值，就必须要认真研究各类理财产品的特性，选择出适合自己的理财产品。一方面，要结合自己的理财需求、投资品的收益率、风险特征、现金流等综合因素选择合适的投资理财策略；另一方面，要强资产的分散化投资、多元化投资，合理规避利率风险。

3.4 风险意识更需增强

利率市场化后，利率波动的频率和幅度将大大提高，期限结构将趋于复杂化，表现出更大的多变性和不确定性，在利率升降频繁、各家银行利率差异化的情况下，银行客户可能会更加频繁地根据自己的意愿和利益调整存贷款的期限。利率市场化后，同业竞争和自身经营压力的加剧，必将导致利差范围收窄、盈利空间缩小等实际问题出现，部分商业银行通过价格手段竞相争夺优秀客户资源，进一步加剧了市场利率的波动性。在尚未建立较为完善的存款保险制度的情况下，利率市场化不仅对商业银行的流动性要求提出了严峻的考验，也对普通老百姓投资理财提出了挑战。

利率市场化下的金融产品和金融市场的价格运行规律同非市场化时有很大的差别。在利率市场化的条件下，家庭和企业的观念必须发生转变，树立风险意识，过去接近无风险的资产在未来可能面临风险。例如：过去银行体系基本可以认为是完全不可能倒闭的，但是在利率市场化的条件下，银行业的竞争性将会明显增强，银行的经营风险将会增大，在利率市场化的条件下是存在倒闭的风险的。我国目前还没有建立存款保险制度，一旦银行发生破产，你存入银行的钱很可能将遭受损失。即使将来建立了存款保险制度，也不是对所有储户提供保险的。一般而言，存款保险制度只对一定额度以下的中小储户做出赔偿。

风险和损失是投资理财最大的敌人。风险是客观存在的。世间万物都处在运动变化之中，这一规律构成了风险存在的客观基础。客观世界的变化是人的主观意志无法支配的，从这个意义上说，风险是绝对的，人们难以回避它。我们说要防风险，实际上只是在承认风险的前提下分散、转移风险，减轻或补偿可能造成的损失。风险的客观性还表现在它无处不在。不论你从事什么活动，都可能有得有失，都会有风险与你相伴。所不同的只是有些风险你已经有所认识，不知不觉地增长了应付此类风险的能力，因此这类风险对你的威胁较小，不再容易被感觉到了。而另一些风险则很陌生，尤其是在初次涉足某个新的领域的时候。人们如果对这类风险一无所知，当风险发生时往往措手不及，遭受的损失也会大一些。

　　一般而言，风险和收益是成正比。收益高的理财产品，风险也高，反之，收益低的理财产品，风险也比较低。正所谓"不入虎穴，焉得虎子"。但并不是高风险一定有高报酬。其实，高风险的确可能有高报酬，但这只是机率很小的最高可能报酬。赌博的最高可能报酬可能非常惊人，但它的平均期望报酬率却是负值。冒这种风险，不但无法获利，反而有可能倾家荡产。有些投资者不是缺乏冒险精神，而是冒了不该冒的险。如：电脑体育彩票、福利彩票、摸奖、短线操作股票等等，都是高风险、负报酬的活动。如：我国西南某省电脑体育彩票（4＋1型），投资6元，中奖的概率为三万分之三可以获得5万元的奖金，而损失6元的概率为三万分之二万九千九百九十七，其平均数学期望报酬率为负的百分之九九。其本质就是赌博，如果你运气非常好，你可能大赚一笔。但是，如果你选择它作为投资，长期、大量投资下去，不仅无法盈利，本金也将损失殆尽。

　　利率市场化下，个人投资理财必须树立风险意识、把防范风险放在首位。在规划个人投资理财时，适当地设定的投资理财的收益目标，不要好高骛远，然后围绕目标进行相应的财务规划及理财方案的制定。通常为了更好地实现理财，按照人的生命周期，可以将个人、家庭划分为不同阶段，编制个人、家庭的资产负债表现金流量表和收支预算表。在评价目前资产配置是否科学合理的基础上，根据未来所获得的收入对当前的消费支出进行必要的调整，在可承受的风险范围内，对现有的资产进行重新整合，达到资产整体效用最大化，确保实现个人、家庭的现实需要和未来支出的满足。有关这方面的内容，我们将在第15章做详细的介绍。下面，只讲几点原则：

首先，要选择适合自己的投资方式。现在，我们可以选择的投资理财方式五花八门，既可以直接投资基础的金融工具，也可以通过信托、基金等专家理财方式来打理钱财，但总有一部分投资者仅仅通过这些产品过往一段时间的表现去追逐高收益热点。实际上，在大多数一知半解的投资者都开始关注并投资一项热门投资品种的时候，通常这个品种的好日子已经快到头了，因此，投资理财不要仅看到收益本身，还要分析您所选择的投资品种的风险特征、投资环境、参与人群以及其产品上涨与下跌的理由，确定自己能够承担相应的风险并且投资到该产品上的资金可以占用相应长的时间，再去做出投资选择。期间，阅读相应的投资书籍或咨询理财顾问都是明智的选择。

其次，要合理控制投资额度。投资固然重要，不过生活也同样重要。以投资股票市场或股票型的产品为例，即使投资者已经对这种产品有了一定的认识和把握，但是把短期可能会使用的资金投入到这类价格波动幅度较大的市场上并不是件明智的事情。一个基本的原则是：进入市场以前，投资者应该做好长期投资的准备，这可能是5年或者更长时间。另外，投资者也应该把投资额度控制在所能承受的损失范围内。要清楚一旦选择不当，遭遇熊市、震荡市，甚至是牛市中的调整都可能带来极大的损失。

最后，不求完美也许会更好。人们总是很自信地认为自己有能力追求完美，投资也不例外，在任何投资产品领域都不乏成功人士或佼佼者，于是在巨大的赚钱效应面前，这部分成功人士就成为即使是普通的投资者也竞相追求的目标，但是很多投资者的误区在于，他们并没有认真的研究这些成功人士的思维方式、所处的历史环境以及他们达到卓越成绩所必备的性格或行为特征，而是单纯以追求其曾经达到过的投资收益为终极目标，结果往往追求越急，跌得越惨。投资理财之道在于铢积寸累，因为投资理财不能有任何侥幸和赌徒的心理；要量力而行，理性至上，注意趋利避害，不可盲目和一意孤行。

第二篇　利率市场化下的理财策略

第 4 章　储蓄存款——也需要货比三家

储蓄是投资理财的第一步。百姓将手里暂时不用的闲钱，放到银行里，不仅保证了资金的安全，同时还可以得到一些利息收益，应对日益加速的通货膨胀。在利率市场化的情况下，银行储蓄存款仍然是普通百姓最主要的投资手段，但是，老百姓要想保证你存款资金的安全，同时要获得更好的收益，居民储蓄存款也需要货比三家，同时还要讲究储蓄的策略，选择适合自己的储蓄品种和期限。

4.1 储蓄的基础知识

储蓄指的是个人货币收入减去消费支出后存入银行的存款部分，它事实上是一种最传统、最普通、最稳妥的理财方式，因为储蓄和其他投资理财工具一样，同样具有获利性、变现性和安全性。此外，储蓄的操作方式也简单易行，对普通投资者而言，它也是一种最具可操作性的理财方式。作为个人理财规划的重要组成部分，储蓄具有风险低、收益稳、流动性强的特点，因此是每一个投资者必须掌握的理财方式。

随着经济的发展，各种各样的理财工具如基金、股票和外汇等已被大众所接纳和使用，而储蓄这种最原始的投资理财方式似乎被人们所忽视。如果能够根据不同的人生阶段所面临的不同收入特点和风险承担能力适当地调整储蓄策略，不但可以使其较好地满足人们的流动性需求，而且还可以获取令人欣喜的收获。特别是在利率市场化导致各种理财产品风险增加的情况下，储蓄这种稳健的理财方式，尤其值得人们关注。

4.2 储蓄的特点

银行储蓄是个人理财的第一步。个人在进行其他投资之前，必须进行储蓄，常识告诉我们，如果经济困难，方法只有一个，那就是把赚来的钱先存起来，等攒够后才能实现自己所制定的财务目标。为了维持日常生活的需要，以及应对一些突发事件对个人收入所造成的影响，需要对现金进行必要的储蓄规划与管理，虽然在这个通货膨胀的时代，储蓄存款从长期来看必然会面临资产贬值的亏损，但日常生活中的中短期需求总是存在的，因此，储蓄是一种伴随终生的、不可或缺的理财方式，储蓄投资具有以下四个特点：

（1）安全度最高

储蓄是人满足自己各种物质需求的基本保障，也是每个人投资理财工具中最让人放心、也最能给人们带来心理安全感的投资理财方式。在日常生活中，如果有一大笔储蓄存款放在银行里，不仅能够使我们放心大胆地消费和投资，而且还能保证本金的安全并获得利息，而不会出现像投资股票等收益性投资那样发生初始投入资金严重亏损的情况。储蓄这一心理安全的砝码能够为投资者管理自己的投资组合提供必要的信心和必要的投资资本。

（2）风险最低

尽管目前的存款利率依然较低，但是与风险日益增加的其他投资理财产品相比，储蓄的低风险性和稳定收益性依然十分明显。在整个金融市场低迷的时候，投资者往往不得不卖掉手中持有的股票、基金等资产，但储蓄依然可以获得稳定的存款利息。一方面，储蓄的低风险性无疑为希望获得平稳收益的保守型投资者提供了一种较佳的投资选择，另一方面，储蓄投资也能够省心省事，较适合那些没有太多精力紧盯市场的投资者及风险厌恶者。

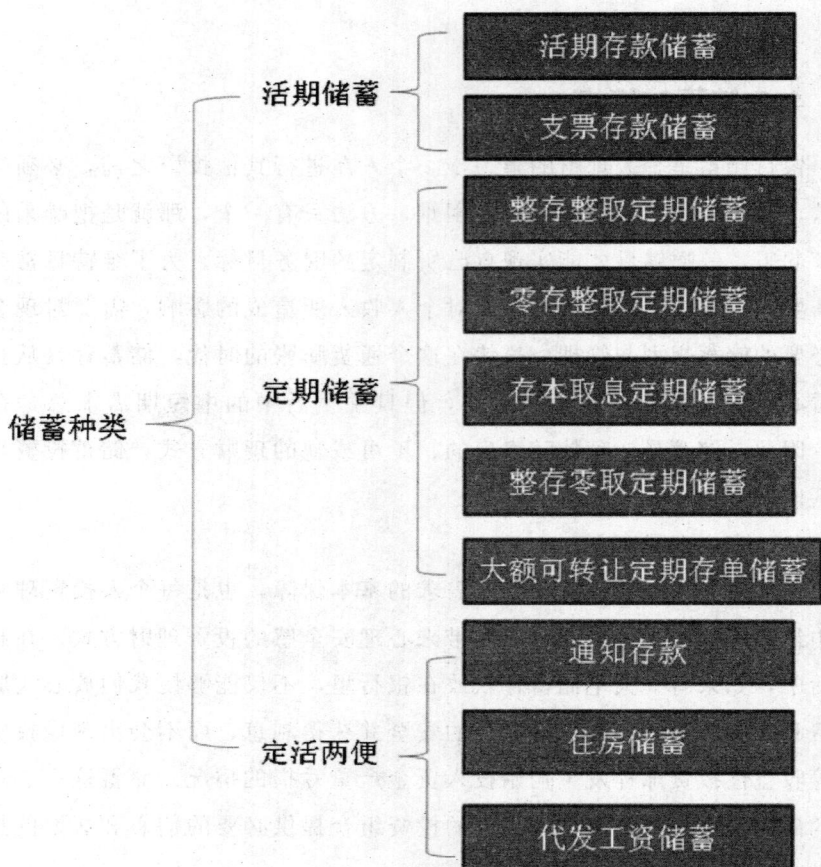

图 4－1　储蓄的分类图

（3）流动性高

储蓄投资不仅安全可靠，而且还可以及时兑现，具有很高的流动性。在日常生活中，储蓄的高流动性有助于应对日常的生病、受伤、灾害等各种各样的突发事件，提供及时的应急资金。在进行投资时，储蓄的高流动性还能够帮助投资者根据市场变化迅速地调整自己的资产配置比例，以便抓住市场中可能出现的稍纵即逝的投资良机。活期储蓄适用于日常生活的开支，灵活方便，没有条件限制，随时可以变现。即使是定期存款，只要有资金需要，也可以随时支取，只不过提前支取定期存款要按活期存款利率计算。

（4）是其他投资的基础

储蓄是投资理财中的资金中转站。投资的必要条件是拥有一定的资本积累，而投资者的储蓄总额、期限、种类是衡量资本积累的重要标准，储蓄能为未来的财务目标提供积累资金的工具，各种大型投资计划如购房置业、教育深造都需要通过储蓄这一蓄水池式的理财方式来达到。总之，通过符合自身需求的储蓄计划和管理，投资者能够以一种细水长流式的平稳心态来实现自己的财务目标。

4.3 储蓄的分类

储蓄投资的方式多种多样，且各具特点，除了大众所熟悉的活期存款、定期存款等业务以外，银行还开发出了许多新的储蓄品种。一般而言，按储蓄的期限方式可分为活期储蓄、定期储蓄、定活两便储蓄三大类。以下就人们日常生活中经常接触到的这三大类中的十种储蓄方式与特征进行简单介绍。

4.3.1 活期储蓄

活期储蓄是银行储蓄当中最常见的一种储蓄方式，是指不规定存期、储户随时可以凭折或卡支取、存取金额不限的储蓄存款。其优点是在本行通存通兑、随存随取、灵活多变、适应性强，但不足之处是利率较低，目前不足1%。如果你的存款达不到一定的金额，有些银行规定还要支付一定的小额管理费。这种储蓄适合于个人生活待用款和暂时不用的存储。活期储蓄可以分为活期存款储蓄和支票存款账户两类。

（1）活期存款储蓄

1元起存，多存不限。开户时由银行发给存折，凭折存取。随时存取，按季结息，息入本金。形式包括活期存折、活期存单及储蓄卡等。活期储蓄存折实行实名制，如果不慎丢失，可以凭有效证件挂失。活期储蓄可存放暂不用作消费支出的现金，也可积累预备购买家庭大件消费品的资金。由于灵活方便，活期储蓄主要用于日常开支的支取。

（2）支票存款账户

活期支票存款是指不确定存期，起存金额为5000元人民币，以个人信用为保证，开户后由储蓄机构发给支票簿，凭活期支票在支票账户中支取款项的一种储蓄方式。其实质是一种以个人信誉为保证，并以支票为结算凭证的活期储蓄存款业务。签发支票的金额起点为100元。在国外，支票的使用十分普遍，但在我国，只有企业支票的使用较为常见，个人支票的使用尚属起步阶段，需要进一步发展完善。

4.3.2 定期储蓄

定期储蓄存款是客户约定存款期限，一次性或在存期内按期分次存入本金，整笔或分期、分次支取本金或利息的一种储蓄。其特点是存期较长且稳定，手续简便，利率相对较高。定期储蓄按照存取方式不同可以分为以下五类：

（1）整存整取定期储蓄

储户确定存期后，一次整笔存入，到期后一次性整笔支取本金和利息的一种定期储蓄。目前我国规定，整存整取的起存金额为50元，存期分为三个月、半年、一年、二年、三年和五年6个档次。在开户或到期之前可向银行申请办理自动转存或约定转存业务，存单未到期前支取的，按活期存款计息。利息固定，利随本清，优点是利率较高，缺点是在盈利性和流动性之间只能选其一。

（2）零存整取定期储蓄

零存整取定期储蓄有两种方式，一种是指事先约定期限和金额，分期存入，每月固定存额和存入时间，如有漏存月份，一般应该次月补存，到期后一次性整笔支取本金和利息。另一种是在开户时，储户选择确定到期本息合计需要支取的一笔整数金额，由银行根据应付利息算好每月应存金额，逐月存入。此类储蓄方法能够满足低收入者将生活结余积累成整的需要。教育储蓄实质上也是一种特殊形式的零存整取定期储蓄存款，教育储蓄具有三大优势：一是利率优惠，零存整取的存法，享受整存整取利率，一年、三年期教育储蓄按同档次整存整取存款利率计息，六年期按五年整存整取定期存款利率计息；二是免征利息所得税，如果加上优惠利率的利差，其收益较其他同档次储蓄种类高出25％左右；三是参加教育储蓄的中小学生，将来上大学可以优先办理助学贷款。

（3）存本取息定期储蓄

存本取息定期储蓄是指约定期限，一次存入本金，定期分次支取利息，到期支付本金的定期储蓄方式。5000元起存，存期分为一年、三年和五年3个档次。若中途提前支取本金，则按定期存款提前支取的规定计算实际应支付的利息，并扣回销户前多支付的利息。适合作为生活零用开支，如家庭生活开支、老人赡养费、子女生活费的支付等。

（4）整存零取定期储蓄

整存零取定期储蓄是指约定期限，一次存入本金，分期分次支取本金，到期支付利息的定期储蓄方式。目前我国规定，1000元起存，存期分一年、三年和五年3个档次。整存零取的利息要等到期满结清时才能支取，但可以获得较活期储蓄更高的利息收益。与零存整取强调存款的计划性相反，整存零取则强调支取的计划性，适合于大笔存款在一定时期内不需全部动用，但在较长时间内陆续使用的情况。

（5）大额可转让定期存单储蓄

大额可转让定期存单储蓄是指银行签发给客户的一种固定面额、固定期限、可以转让的大额存款凭证。面额一般为1万元、2万元、5万元；期限有3个月、6个月和12个月等。不得提前支取，特点有三点：一是面额大，适合大额款项储蓄；二是具有流通性，可以在二级市场上自由转让流通；三是具有投资性，可以获得高于整存整取定期储蓄的利息收益。在上世纪90年代，我国银行曾发行过大额存单，后来取消了。随着利率市场化的推进，不久的将来，我国也会发行更加规范的大额存单。

4.3.3 定活两便储蓄

客户在存款时，不必约定存期，银行根据客户存款的实际存期按规定计息。实际存期在三个月以内的，其利息按销户时的活期利率计算，实际存期在三个月或三个月以上的，按销户时的同档次整存整取定期存款利率6折付利息。定活两便储蓄包括通知存款、住房储蓄、代发工资储蓄等，适用于存额较大，存期不确定的储户。

（1）通知存款

通知存款是指储户不确定存期，支取时需要提前通知金融机构，约定支取日期和支取金额方能支取的存款。我国目前规定，5万元起存，一次存入，可一次或分次支取，个人通知存款不论实际存期多长，按存款人提前通知的期限长短划分为一天通知存款和七天通知存款两个品种。一天通知存款必须提前一天通知约定支取存款，七天通知存款则必须提前七天通知约定支取存款。通知存款适合手上有短期大量闲置资金的情形，但如果投资者打算把钱放在银行3个月以上，则不适合此类储蓄方法。

（2）住房储蓄

住房储蓄是指储户专门在银行存入一定额度存款，继而取得银行的优惠贷款，用作购买住房的资金。它是特别为城镇居民和职工申请住房贷款而开办的专项储蓄。虽然住房储蓄与住房公积金同样都是为了购房置业所设的专项储蓄种类，但两者有着较大的区别。客户根据自己的住房需要和储蓄能力与住房储蓄银行签署"住房储蓄合同"，之后按月或者一次性地进行储蓄，当存款总额达到合同金额的40%－50%，储户就可以向银行申请合同全额的低息购房贷款，并享受政府优惠补贴。按目前标准借款人至少存入10000元，且存满1年，方可申请贷款。

表 4-1 住房公积金与住房储蓄的对比

	住房公积金	住房储蓄
覆盖面	只针对党政机关、群众团体、事业单位和企业工作的固定职工、合同制职工，具有强制性。	任何居民均可成为住房储蓄业务的客户，且是自愿的。
服务水平	存款数额形式固定，贷款数额也统一规定上限，一般为 20 万，贷款与存款并无紧密结合。	每一个客户都可以根据自己的收入水平制定合同，自由选择存款和贷款数目。
运作模式	由公积金管理中心委托银行、财政部门、企事业单位共同协作才能完成，其存贷款利率随市场利率变化和期限而调整。	只需要专门的住房储蓄金融机构，其存贷款利率也不随市场利率变化或期限而变化。

4.4 储蓄的安全和保障

4.4.1 储蓄与通货膨胀

储蓄存款的最大敌人是通货膨胀。一般来讲，但存款的利率大于 CPI 时，我们的存款是有实际收益的；如果存款利率小于 CPI，我们的储蓄存款实际就是负收益。在负收益的情况下，理性的人，不应该增加储蓄，而应该去做别的投资，或者增加消费，把手中的货币换成实物，防止货币的贬值。在利率市场化的国家，当出现较高通货膨胀时，银行为了吸引资金，一般都会提高存款利率。2007 年，越南发生货币危机，出现了比较高的通货膨胀率，当时，越南很多银行的存款利率都在 20% 以上，有的甚至达到 30%。

　　我国在上世纪 50 年代和上世纪 80 年代，发生比较严重的通货膨胀，为保障储户的利率，人民银行曾两次出台规定，为居民储蓄提供保值贴补。1988 年 9 月发布的有关三年以上居民定期存款保值贴补的规定，三年期以上居民储蓄存款利率加上保值贴补率，应相当于同期的物价上涨幅度。保值贴补率即同期物价上涨率和同期储蓄存款利率的差额，储户的三年、五年、八年定期储蓄存款期满时，银行除按规定的利率付息外，还要按保值贴补率付一笔钱给储户，以保证存款不因物价上涨而贬值。保值储蓄对稳定居民储蓄消费行为、抑制通货膨胀，发挥了十分重要的作用。

　　【案例】保值贴补政策是有一定期限的，过了规定的期限之后，储户将不再享受保值贴补的政策，而按照正常的存款利率计息。1989 年，丹江口市民盛忠奎夫妻二人就满心欢喜办了这样一份业务，他们拿出 2000 元积蓄存入当地某国有银行办理两张存单，上面写明 24 年到期后本息共 22 万元。今年，存单终于到期了。可当盛忠奎夫妇去银行取钱时，却被告知存单已失效，于是，按照通知后规定，盛忠奎的存款本息只能兑现 8400 元，不是 22 万元。据了解，当地像盛忠奎这样的储户有 70 余人。银行方面给出的解释是，央行 1989 年针对保值储蓄下发了紧急通知，该业务期限最多不能超过 8 年。

4.4.2 存款保险制度

　　除了通货膨胀，银行储蓄最大的风险就是银行倒闭。在利率市场化后，商业银行将承担很大的盈利与风险压力。一方面，银行存贷利差将急剧收窄；另一方面，利率市场化不仅意味着利差缩小，而且使商业银行面临逆向选择、重定价、储蓄分流、债券资产缩小等诸多风险，甚至引发中小银行倒闭的现象。从国际经验来看，以阿根廷为代表的拉美国家利率市场化改革几乎全军覆没，导致通胀失控、债务危机等一系列问题，美国、日本的利率市场化改革虽获成功，但也存在小银行破产或被大银行吞并等问题。

　　在国外，通过建立存款保险制度，可以保障中小储户的利益不受银行破产而损失。存款保险制度的建立将加强对存款人的保护，有助于防范风险和维护金融稳定，其对商业银行的财务影响并不大。存款保险制度建立后，对于中小储户可实现及时赔付。对于单位存款，由于按照原来的政策并不享受保护，所以存款保险制度无论为单位存款提供多少限额的保护，都是在原有基础上的增强。简言之，存款保险制度虽然引入了限额保护的概念，但由于其赔付更明确、更及时、更有保障，而且为绝大多数存款人都提供了全额保障，因此存款人整体上在资金安全方面感觉更"踏实"。

4.5 储蓄的创新和发展

近年来，我国银行的存款业务有了很大的创新发展，但是与发达国家相比，我国的储蓄存款业务仍处于初级阶段。随着利率市场化的推进，银行储蓄面临更大压力。以美国为例，其围绕存款的流动性、收益性开发的新型存款账户使活期存款与定期存款界线更加模糊，为客户提供了最有效、最便捷、最低成本的存款服务。

（1）与服务一体化经营

存款与银行服务是一体的，美国银行会围绕存款账户提供多种复合服务，推销相关金融产品。针对个人存款账户而言，将存款账户与航空、客运、旅游、商贸、饮食等行业捆绑经营，根据客户行为目标设置专门性的存款账户进行中间业务拓展，就公司客户而言比较流行的是现金管理服务银行，利用自身的信息优势向客户进行财务报告与分析，提出现金流的管理建议，并为客户开设专门账户，汇总网点资金，将短期闲置资金投资于短期财政证券、商业票据和存单，增加客户收益。

（2）差别式的定价模式

客户提供给银行的资金和消费的金融服务量不同，贡献也就不同，因而要向优良客户提供全方面的优惠与服务，培养优良客户的忠诚度。对不给银行带来收益的客户通过差别化利率、手续费率等至少使银行不提供亏损的服务，因此美国存款产品构成要素一般包括期限、最低余额要求、日均余额/联合余额、优惠（减免账户管理费、免费签发若干次支票、利率等）、结算限制、惩罚（降低利率）等。正是经过对以上项目的组合实验，确定最优选择，使银行运营成本降低，获取最大利润，同时又可最大限度满足客户需求。

（3）考虑利率风险管理的需要

美国的利率市场化程度很高，频繁的利率变动给银行经营带来很大风险，银行会运用各种利率风险模型进行模拟、应力测试，选择最合适的存款发展类型，调节银行承受的利率风险水平，在存款的设计上就会考虑调整利率高低、持续期、长短结算限制，以及选择是否浮动的利率等存款要素，重点发展符合银行利益的存款品种降低银行利率风险。此外，进行存款产品设计都会结合银行的品牌营销策略，塑造自己鲜明的形象和特色，尽可能符合目标市场群众的各种品味。

4.6 百姓储蓄策略

储蓄是商业银行各网点的主要业务。居民办理储蓄存款时，需带上本人有效身份证件和要存入的现金到银行柜台即可开户存钱。其他如网上银行、手机银行业日益普及，在已开通这些服务的情况下，也可以进行储蓄存款。网络银行最大的优点就是便利。套用一句前段时间比较流行的电影台词，"二十一世纪什么最宝贵？时间。"不愿意在银行里排长队，耗费大半天的时间，是很多人选择网络银行的原因。此外，银行还为网上业务提供不少的优惠。比如：银行转账费用的减免、购买基金手续费打折等等。

利率市场化后，银行将针对不同产品的特点、资金成本、客户价值等进行自主定价。在定价管理机制上，将根据不同产品的成本情况、不同客户的信用差别、同业竞争程度以及目标利润水平等因素综合确定。相对来讲，大银行客户多，网点多，服务种类多，吸收存款有优势，所以他们的存款利率会比小银行低一些。小银行客户少、网点少、服务种类也不多，吸收存款优势不足，为了吸引更多的存款，他们就会提高存款利率。但是，中小银行的风险要高于大银行。所以百姓在选择存款银行的时候，也需要货比三家，既要考虑利率的高低，同时要考虑银行的服务和方便程度，还有考虑资金的安全。

百姓在选择存款种类和期限上有很多诀窍。

（1）利滚利储蓄法

利滚利储蓄法是一种将存本取息与零存整取两种储蓄方式相结合的投资策略。通过这种方法，可以享受到存款的复利。比如：一笔5万元的资金，用定期存本取息方法存入银行，一个月后取出存本取息储蓄中的利息，用该月的利息再开一个零存整取的账户，以后每月把存本取息账户中的第一次利息取出作为本金存入零存整取的账户，以获得第二次利息，这样，一笔钱就能取得两份利息，即5万元资金的定期利息和零存整取的利息，这种储蓄方法适合那种有时间经常到银行办理转存手续的工薪家庭。

（2）阶梯存款法

阶梯存款法是将现有的资金均分，分别按不同年限形成梯形的定期存储，例如5万元的资产，分为均等的5份1万元，分别按1、2、3、4、5年定期存这5份存款，当一年后，把到期的一年定期存单续存为5年定期，第二年后，把到期的两年定期存单续存改为5年定期，以此类推，5年后的5张存单都变成5年期的定期存单，而且每年都有一张存单到期，这种储蓄方式既方便操作，又可以享受银行最长的5年定期的最优储蓄利息，这种方法适合于一大笔现金如年终奖的储蓄投资方式。

（3）分散储蓄法

分散储蓄法是将储蓄的资金分成若干份，存成几张单子，而且可以设置不同的存款期限，与阶梯存款法相比，这种策略更加灵活自由，比如储户有10万元现金进行储蓄，可以用其中的2万元存活期，作为生活备用金，随时支取；另外8万元可以分成4份，存3份2万元一张的一年期存单，再用剩下的2万元存一张两年期的存单，并且在存款时设置成到期自动转存，若碰到紧急情况需要用钱，可提前支取一张存单，其他存单的利息不会受到影响。

（4）教育储蓄法

教育储蓄不仅能为子女将来的大学教育支出做好提前规划，还能享受税收优惠，教育储蓄的开户对象是在校小学四年级或四年级以上的学生，一般来说，6年期教育储蓄适合小学四年级以上的学生，3年期教育储蓄适合初中以上的学生，1年期教育储蓄适合高二以上的学生，巧用教育储蓄应把握两点技巧：第一，尽可能选择最高的约定金额，以便获得最大的利息和免税优惠，按政策规定，允许两次存入2万元，可约定每次存入1万元，约定多次存款时，也尽可能提高存款金额；第二，尽可能选择3年期或6年期的存期，可以最大化享受免税和零存整取按整存整取的优惠政策。

（5）通知存款法

通知存款是一种介于定期和活期存款之间的储蓄种类，适合手上有大笔资金并打算在3个月内动用资金的投资者，很多银行对通知存款进行复利计算，分别以定存1天和7天记一次复利；此外，为了减少办理繁琐的手续，很多金融机构推出了网上自助的转存通知存款业务，即投资者可以很方便地直接通过网上银行进行此类操作。

（6）住房储蓄法

住房储蓄是专项存款，其目的是为了让储户获得利率特别优惠的住房贷款。适合那些无法享用公积金贷款的城镇居民，对于有公积金的居民，购买住房时，首选使用利率优惠的公积金贷款；但对那些没有住房公积金的储户来说，由于住房储蓄贷款比普通住房抵押贷款利率低，所以也不啻为一个较佳的选择。住房储蓄业务还适合外企员工、白领，因为每月存入几千元对他们来说并不是一个特别大的负担，此外，参加住房储蓄类似于强制储蓄，每月定期存款，约束消费，为未来顺利购置物业打下良好的基础。

4.7 储蓄注意事项

4.7.1 适当增加储蓄比例

在金融界有句俗话叫做"现金为王"，意思是手中有现金最好。当金融危机余波未消，世界经济仍未完全复苏的形势下，个人理财的基调应该以稳健为主，选择增加储蓄比例来稳吃利息的做法至少会让投资者在动荡不定的经济大环境下维持稳定安全的生活。当然，增加储蓄比例不意味着过度储蓄，因为那样会违背资产的有效配置原则，从而造成不必要的投资资金的浪费，若市场上有较好的投资理财产品，还是要在储蓄之外配置一些安全性高的投资资产，如债券、基金等。总之，应该根据自己的财务状况和风险偏好，结合市场总的趋势，及时调整个人理财资产中的储蓄份额。

4.7.2 尽量不要提前支取

在特殊情况下，可能出现需要提前支取以前的定期储蓄的情况，即便如此，也要尽可能采取应对策略来减少利息损失：

第一，办理部分提前支取，如用款额小于定期储蓄存款额，即可采取部分支取存款的方法；

第二，办理存单抵押贷款，如果用款额大于定期储蓄存款额，而用款日期较短或支取日至原存单到期日的时间已过半，储户可以将原存单作为抵押，办理小额个人贷款手续，以避免因提前支取定期存款而招致的利息惩罚；

第三，如果必须提前支取，也要选择那些已存期限较短的定期存款，因为提前支取此类存款的成本最低。

4.7.3 适当关注外币储蓄

在各国央行加息降息不同的情况下，投资者可以考虑适当存储一些外币来弥补人民币利率过低造成的利息损失，因为不少外币如美元、英镑、港币等的存款利率要高于人民币存款利率，在存储外币时要注意以下三点：一是要遵守货币汇率稳定，且存款利率高的原则；二是存期应短平快，一般不要超过一年，以三到六个月的存期比较合适；三是币种兑换应少兑少换，减少交易成本。

第5章　银行理财——春江水暖鸭先知

银行理财是商业银行在对潜在目标客户群分析研究的基础上，针对特定目标客户群开发设计并销售的资金投资和管理计划。银行理财的发展就是利率市场化的前奏。作为利率市场化进程中的先锋军，商业银行理财产品业务被推到前所未有的重要位置。理财业务可能将成为利率市场化后商业银行新的经营模式。银行理财不同于储蓄存款，银行只是接受委托管理客户资产，投资收益与风险由客户或客户与银行按照约定方式承担。

5.1 银行理财的基础知识

银行理财产品是指商业银行利用自己的专业优势推出的理财计划，将投资人的资金集中起来分别投向不同的市场，从而产生高于定期存款利息收益的一种投资产品。它实质上是商业银行推出的共同基金，银行是基金管理人。近年来，银行理财产品在设计、销售、服务等方面呈现出了一些令人鼓舞的发展趋势：收益率趋高，品种日趋丰富，流动性增强，产品更加细化，售后服务不断加强。

目前，我国的银行类理财产品投资渠道主要是股票市场、大型中央企业发放信托贷款的资金信托、公司债、国债市场、银行承兑汇票、短期融资债以及外币债券市场、货币市场衍生金融工具等等。理财的收益受到多种因素的影响。当外部经济形势整体良好时，股票等金融市场增值，银行发行的理财产品收益也会增加。

（1）利率

目前市场销售中的理财产品很大部分是在储蓄型产品的基础上设计的，所以基准利率上升会拉升这类产品收益率；反之，利率下降也会影响到银行理财产品。但如果银行理财产品是属于承诺支付固定收益类型的理财产品，在利率下调阶段银行在支付相对高的承诺收益时也会面对较大的自身收益风险，因此收益浮动类产品在为商业银行理财产品的盈利创造了空间的同时，也给这些产品的收益带来了不确定。

（2）通货变动

包括通货膨胀和通货紧缩。在通货膨胀日益强烈的环境下，银行理财产品的预期收益会有所不同。另一个指标是 CPI，也可以反映出通货膨胀水平，这一指标的大众化也使得通货膨胀对理财产品收益率的影响受到越来越大的关注，投资者购买银行理财产品的直接目的就是想弥补通货膨胀对资产造成的损失。

（3）风险性因素

包括发行银行的信用级别、银行理财产品的币种、产品投资类型、理财产品的开发及设计主体、募集规模、提前终止和展期等规定。一般而言，收益高的理财产品，其风险也比较大；而收益低或固定收益的理财产品，风险相对较小。

（4）流动性因素

流动性是理财产品的差异化特征，它主要指资产的变现能力，与收益率是一对矛盾，所以投资人往往要在二者之间做出权衡，体现流动性的因素主要由理财期限、委托币种起始金额、起始金额递增单位等。一般而言，期限长的理财产品收益会比较高；而期限短的理财产品收益会比较低。

5.2 银行理财的特点

银行理财产品是商业银行针对特定目标客户群开发、设计并销售的资金投资计划，其中，银行只是接受客户的授权管理资金，投资收益与风险由客户与银行按照约定方式共同承担，与其他理财产品相比，银行理财产品具有分享市场收益的同时降低投资风险的优点，特别适合于那些追求稳健、对收益率要求不高、不想亲自参与市场交易的投资者。具体来说，银行理财产品具有如下优势：

（1）流动性好

目前银行理财产品的期限结构往往十分灵活，从1个月、半年到三年、六年不等，期限越长的产品往往收益率也越高。随着银行理财产品的不断创新，投资期限也日趋下降，投资者可以结合自身的实际情况选择合适期限结构的理财产品进行投资。如一些银行推出了类似货币基金式的现金管理类理财产品，每天都可以购买，提供了所谓"7 * 24小时的超级流动性"。在收益率方面，也一再提升，目前的年化收益率在3％～4％。

（2）安全性高

银行理财产品比较注重资金的安全性与稳健性，它们由银行专业人士采取分散投资、掉期交易、对冲等手段进行风险管理，投资于风险较低的银行间债券市场或信托市场，因此在保证资金安全的前提下能获得稳健收益，较好地满足了不愿意将资金投入到风险较大的股市当中的投资者的需求。银行理财一般投资于固定收益类产品。尽管理财产品的投资领域在不断扩大，但总体上还在可控的范围之内。

（3）收益性高于储蓄

银行理财产品的收益率普遍要高于同期定期存款的利息收益。银行理财产品一般投向具有稳定收益率的国债、金融债和央行票据等，其预期收益率一般能够得到保证。以"金钥匙·汇利丰"2013年第2271期人民币理财产品为例，它由中国农业银行100％投资于货币市场、同业存款等低风险投资工具，收益部分与外汇期权挂钩获得浮动收益。此款产品的年收益率在4.5％，大约是同期定期存款利息的1.5倍。

（4）分享其他投资领域收益

银行理财产品主要将个体投资者的资金募集起来，再进入门槛极高的投资领域进行投资从而获利，如早期银行理财产品投向的银行间债券市场，由于债券的单位认购额极高，个体投资者一般无法进入，但通过购买银行理财产品的方法，个体投资者也可分享到债券市场的收益。此外，外币理财产品、QDⅡ理财产品的出现也使得个人投资者能够分享国际资本市场运作带来的收益。

（5）专业化管理

普通投资者常常会对着琳琅满目的股票、基金等投资方式感到困惑。银行理财产品的出现较好地解决了这个问题。相比于个人直接投资，购买银行理财产品要省心省时得多，投资者只需一次性购买银行理财产品，到期再获取收益即可。银行在理财投资上具有专业化管理优势，投资决策均由具有丰富知识与经验的职业投资人进行。

（6）便捷的购买渠道

相比于其他投资方式，银行理财产品的投资渠道更为便捷，只需前往银行营业网点，向销售人员叙述自己的需求，在了解各种品种后，选择适合自己的银行理财产品即可。购买方式与银行储蓄并没有太大的区别。如果开通了网上银行，还可以通过网银的投资理财界面，直接购买该银行发行的理财产品，极大地方便了投资者。

（7）投资门槛比较低

银行理财投资需要一定的门槛，即有最低投资金额的要求，但是比信托产品的门槛要低。信托投资的最低金额为 100 万元，有的要求为 300 万元，银行理财的投资门槛一般为 5 万元，有个别理财产品的投资门槛为 10 万元或 50 万元。一般而言，投资门槛比较高的产品，收益也相对比较高；而投资门槛比较低的产品，收益也相对比较低。

5.3 银行理财的分类

目前银行理财产品发展迅速，品种丰富。根据币种不同，理财产品一般包括人民币理财产品和外币理财产品两大类，按本金与收益的风险程度不同，理财产品可以分为保证收益型、保本浮动收益型与非保本浮动收益型三种；按照投资领域与运作方式的不同，银行理财产品通常可分为以下六大类：债券型、信托型、结构型、QDⅡ型、新股申购和外币型。

5.3.1 债券型理财产品

债券型理财产品，是指银行将募集到的资金主要投资于货币市场，一般是投资于央行票据和企业短期融资证券。目前所说的债券型理财产品实际为货币市场型产品，投资领域包括国债、金融债、央行票据、短期融资券、中期票据和债券回购交易等。债券型产品是早期银行理财产品市场中的唯一品种。银行从个人投资者处募得资金，再将其投资于债券票据市场，投资者可在付息日拿到银行返还的投资收益，在本金偿还日，投资人可全额收回自己的本金。

债券型理财产品的主要特征是投资人可以通过购买此类产品来分享货币市场的投资收益。个人无法直接投资银行间债券市场，而银行可以通过自身规模经济优势投资于货币市场。虽然目前大部分债券型理财产品名义上为浮动收益型，但其收益只有在交易方违约的情况下才可能出现浮动。由于银行在确定其收益时较为保守，加之交易时往往有规模大的银行担保，故其收益很少出现波动，可将其看做保证收益型理财产品。

债券型理财产品的主要风险是流动性风险，一般都不允许投资者提前赎回。同时，由于被视为固定收益型理财产品，利率的变动将导致实际收益率的变动。投资者在投资此类产品时也应考虑利率风险，总体来说，债券型理财产品的风险小、安全性高，在绝大多数情况下可以保证本金和收益，较适合稳健型投资者。此外，投资者也可以将债券型理财产品与其他产品按一定比例构建资产组合，从而起到风险分散的作用。

5.3.2 信托型理财产品

信托投资理财产品，是指投资者将人民币资金委托于银行，并指定银行为代理人与信托公司签署信托合同，根据投资对象的信用状况获得收益的理财产品。此类产品主要投资于商业银行或其他信用等级较高的金融机构加以担保或回购的信托产品。此类资金主要投资于信托贷款市场与证券市场，主要以贷款方式投向基础设施项目，另外，也有一部分信托类理财产品的资金投资于证券市场，相比于贷款投资，证券市场投资的风险更大，多为非保本浮动收益型产品，预期收益率也更高。

信托类理财产品的最大特点是投资人除一定的预期收益率外，还可能获得一定的额外浮动收益，这主要是由于信托型产品将部分资金投入于收益较大的股票、基金及其他金融产品所致。信托型理财产品以一年期及以上的中长期居多。贷款型信托理财产品的预期收益相对固定，且高于固定收益类理财产品，证券型理财产品的收益水平与股票、基金等市场的表现紧密相关。一般来说，信托类产品通常能够实现其5%的预期收益率。

信托类产品主要有三种风险：第一，市场风险，由于信托产品的收益率与股票、基金等市场紧密相连，所以存在一定的市场风险；第二，流动性风险，与债券型理财产品相似，信托类理财产品也不允许投资人提前赎回，若投资人强制终止合同，则面临严厉的违约处罚；第三，违约风险，由于此类产品中涉及企业与信托公司等第三方机构，这些机构的违约可能导致违约风险，贷款型产品适合于稳健型投资者，而证券型则适合进取型投资者。

5.3.3 结构型产品

结构型理财产品又称挂钩型理财产品，其本金用于传统债券投资，而产品的最终收益率则由其挂钩对象的表现决定。其原理是运用金融工程技术，将存款、零息债券等固定收益产品与金融衍生品结合在一起而形成的一种新型金融产品。结构型理财产品的收益一般是基于挂钩对象在投资时的基期数值，设定一个收益获得区间。在约定时间内，若相应的挂钩对象能处于预先预定的收益获得区间，投资人便可按合同约定获得相应的收益，否则无法获得约定收益。

　　结构型理财产品的最大特点是收益率与汇率、利率、商品指数、股票指数等金融产品挂钩，收益率的高低主要取决于其挂钩标的物的风险特征，风险越大的挂钩标的物可以带来越大的收益。挂钩债券类、挂钩利率类、挂钩信用类、挂钩汇率类、挂钩基金类、挂钩股票类产品由于其挂钩标的物风险的依次上升，其收益率也依次增加。结构型理财产品的多样性导致了收益计算的复杂性，所以投资者在选择此类产品时需要多向专业理财师进行咨询，同时要了解挂钩标的物相关市场，才能较好地评估实际收益情况。

　　结构型理财产品的风险大多通过一定的掉期期权得到了有效的控制。随着挂钩标的物范围的不断扩大，投资于结构型理财产品的获利渠道也日益增加。显然，由于不同标的物的风险收益差异较大，无法对此类产品的风险收益进行统一量化评估，相比于债券型理财产品，结构型理财产品无疑具有更大的风险和不确定性。所以此类理财产品主要适合风险承受能力强，有一定金融知识的投资者。

　　【案例】小郭在银行销售人员的劝说下，购买了一款与黄金价格挂钩的理财产品，在产品说明中，规定如果一年内金价上下浮动不超过40美元，客户就可获得18％的收益；如果超过，则只能拿到1％的收益。小郭本人对黄金市场并不了解，销售人员告诉小郭，黄金的价格已经连续很多年波动都很小，这18％的收益基本上是十拿九稳的。在销售人员的劝说和高收益的吸引下，小郭购买了此款产品，没想到，当年国际金价由每盎司550美元飙升至每盎司700美元，结果小郭只获得了1％的收益。

5.3.4 QDⅡ型产品

　　QDⅡ型产品，是投资者将人民币资金委托给被监管部门认证的境内机构投资者如商业银行等，再由银行将人民币资金兑换成美元，直接在境外投资，到期后将美元收益及本金结汇成人民币后分配给客户的理财产品，自2006年我国首度推出QDⅡ产品以来，其市场表现一直差强人意，这主要是由于投资渠道单一和人民币升值带来的汇率风险所致。

　　QDⅡ型理财产品最大的特点是为国内的投资者提供了分享国际资本市场收益的投资渠道，在人民币没有实现自由兑换和资本项目尚未开放的情况下，QDⅡ产品是持有人民币的国内投资者投资海外市场的唯一途径，通过直接投资于国外资本市场中的股票、债券、票据等，QDⅡ产品对持有人民币的投资者更具便利性优势，但是，随着QDⅡ的投资范围放宽，在给投资者带来高收益的同时，也使投资者面临着更高的风险。

　　就个人投资而言，投资QDⅡ产品应持有谨慎的态度，首先，QDⅡ理财产品需要投资者承担投资对象的信用风险，而由于投资对象地处海外，信息的不对称加大了投资风险；其次，投资QDⅡ产品的门槛较高，一般需要10万元人民币或等值外币；第三，银行只负责资金的募集，而投资管理则委托给海外的其他投资机构进行。QDⅡ产品比较适合风险承受能力较强的中高端投资者，且在投资组合中的比重也不宜过高。

5.3.5 新股申购型产品

　　新股申购型产品，就是银行利用集合信托的方式募集资金，投资于证券市场首发新股的申购的一种银行理财产品，在新股发行空余期，则投资于货币市场基金、短债基金、债券等。出现此类产品的原因是我国现阶段股票发行制度的缺陷造成了股票一、二级市场间巨大的价格差异，使得申购新股而后在二级市场上进行交易具有广阔的获利空间，新股申购类理财产品的投资期限一般较长，多数在2年左右。

5.3.6 外币型产品

　　外币型类理财产品是由商业银行自行设计并发行，将募集到的资金购买国外相关金融产品，获取投资收益后分配给投资人的理财产品，外币类理财产品主要投资于国外货币市场。由于投资于货币市场，外币类理财产品具有风险较低、收益较为稳健的特点，但由于汇率风险的存在，大部分外币类理财产品仍属于保本浮动收益型。汇率风险是外币类理财产品主要风险。从投资期限上看，外币类理财产品呈现投资期限缩短的趋势，因此，外币类理财产品较适合于手中拥有一定外币资产的稳健型投资者。

表 5—1　银行理财分类表

产品类型	产品特点	收益特征	主要风险	适合人群
债券型	可分享货币市场收益	保证收益型	流动性风险、利率风险	稳健型投资者
信托型	预期收益外加一定浮动收益	多为非保本浮动收益型	市场风险、流动性风险、违约风险	稳健型、激进型的投资者
结构型	收益率与其他金融产品挂钩	取决于挂钩标的物的收益特征	取决于挂钩标的物的风险特征	风险承受能力强的成熟投资者
QDⅡ型	可分享国际资本市场收益	多为非保本浮动收益型	海外市场风险、汇率风险	风险承受能力强的中高端投资者
新股申购型	通过股票一、二级市场的价差获利	多为非保本浮动收益型	与股市整体走势紧密相关	风险承受能力强的激进型投资者
外币型	易受外国经济政策影响	多为保本浮动收益型	利率风险、汇率风险	持有外币资产的进取型投资者

5.4 银行理财的创新和发展

在金融市场发达的国家和地区，理财业务又称为资产管理或财富管理，历史可以追溯到十八世纪，但真正兴起并成为商业银行一项重要业务，则始于上世纪 90 年代。理财产品作为银行理财业务的主要载体之一，是银行向客户提供的一种财富管理或资产管理性质的金融产品。经过多年的发展，已形成种类较为丰富的产品体系，能够较为广泛地投资于多个金融市场，并已有一套较为完整的监管制度文件予以规范。

在美国、日本和中国香港、中国台湾地区，除存款以外，银行可向客户提供的理财产品称谓多样、结构各异，但从银行与投资者之间的法律关系来看，主要可以归类为基于交易关系的理财产品（如结构性产品）、基于信托关系的理财产品（如基金类产品）、基于委托关系的理财产品（如台湾地区的代客操作业务）。

目前我国的银行发行理财产品主要是基于完成存贷比考核，即"揽储"目的大于理财投资动力。受利率市场化的影响，银行的利差水平降低，进而可能进一步压缩贷款为银行带来的收益，加上未来存款利率浮动上限放开的预期，商业银行需摆脱传统依靠存贷款利差作为利润主要来源的模式，积极拓展包括中间业务在内的多渠道以增加银行收入。未来，银行理财产品可能将从当前的固定收益类产品向结构性和资产证券化产品演进。

理财产品是银行追求利润最大化的市场需求，是利率市场化趋势下的产物，同时，也是推动利率市场化前进的主要手段之一。今后，大量的固定收益类产品有望向资产证券化和结构性产品演进，收益附加值低、结构设计简单的产品或将被取代。实际上，部分银行理财产品已经有了资产证券化的雏形，以银信合作为核心，将信贷资产、新增项目贷款等标准化，经过"过桥"之后，以理财产品的形式，自有资金赎回。

5.5 银行理财的策略

随着利率市场化的推进，各家银行纷纷推出了各具特色的理财产品，这些产品的差异性和个性化，在满足投资者不同需求的同时，也使许多投资者感到眼花缭乱，难以应对。由于银行理财产品由银行专业人士管理，不需投资者进行投资操作，因此，银行理财产品投资策略的关键在于如何挑选最适合自己的理财产品。

5.5.1 全面考察，理性选择

（1）收益水平

理财产品的收益水平是许多投资者的首要考虑因素。商业银行普遍用预期收益率衡量理财产品的获利水平，预期收益率与风险、流动性、产品期限等多种因素相关。高收益往往伴随着高风险，所以投资者不应将收益水平作为决策的唯一考虑因素。预期收益率也不是越高越好，同时，必须注意预期收益率水平都是在概率意义下计算而得，并不一定保证实现。而银行所采取的计算方法也有将预期收益率高估的倾向，所以投资者在衡量收益水平时，应结合使用期限、风险偏好等因素进行综合考虑。

【案例】保守型投资者小郭一直把自己的资金存在银行里，他看到银行发行的外币理财产品的预期收益比银行储蓄高出很多，在销售人员的劝说下，把到期的外币买成了理财产品。之后由于汇率变化等原因，银行的理财产品并没有实现预期收益，实际拿到的收益几乎为零。这次的经历让小郭从此再也不敢买理财产品了。其实，小郭是走入了预期收益的误区，当初他购买理财产品的时候对产品缺乏了解，认为预期收益就是实际收益，但由于市场的变化，实际收益可能较预期收益低。

（2）产品风险

产品风险是衡量由于种种原因而无法获得预期收益甚至对本金造成损失的可能性。由于承受风险的能力不同，投资者应结合自身情况选择适合自身的理财产品，风险承受小的投资者选择固定收益类产品，风险承受强的投资者选择结构型理财产品。一般银行会在理财说明书中标明风险的等级。由于不同理财产品的资金投向不同，其风险往往与其投资市场的风险密切相关，应充分考虑不同产品可能面临的不同风险，尤其是结构型理财产品，投资者应对其挂钩标的物有一定了解后，方能购买结构型理财产品。

（3）产品流动性

产品流动性包括两方面：一是提前终止权，即投资者是否可以在合同到期之前终止合同收回资金，早期理财产品大多不能提前终止，而新近发行的许多产品增加了有条件的终止条款，提高了产品的流动性。但由于此类终止条件往往会给投资者带来损失，所以投资之前应详细阅读合同终止条款。二是质押权，即投资者急需用钱时，是否可以以此理财产品为抵押，向银行获得贷款。总之，投资者若想提高资金的流动性，就要选择可以提前终止、终止条件较低、同时质押成效高的银行理财产品。

【案例】 钱先生看重了一款理财产品的高收益，购买了这款理财产品。但钱先生没想到，购买了这款理财产品不久，由于家中有事，急需用钱。钱先生前往银行希望能提前赎回资金，可银行工作人员告诉他，这款理财产品不能提前终止，也不能质押贷款。由于找不到其他融资通道，无奈之下，钱先生只好选择高利贷。这款产品到期时，钱先生才发现，这款理财产品到期时的收益还比不上高利贷的利息，让自己损失了近万元。

（4）投资期限

银行理财产品的投资期限较为灵活，投资者可根据自身需要选择合适期限的产品。一般来说，投资期限越长的产品收益越高，挂钩股票、基金的产品为克服短期市场波动的影响，往往投资期限较长；而挂钩利率、汇率的产品投资期限则较短，收益水平也较低。投资者在确定投资期限时，首先应考虑自己所持资金允许的投资期限，若在近期内有可预见的支出需求，则不应投资期限较长的产品；其次应考虑不同投资期限带来的不同收益水平；第三，利率走势会对实际收益造成影响，当预期利率会上升时，投资者应选择投资短期的产品，若预期利率会长时间保持稳定，则应投资期限较长的产品。

（5）附加条款

除关于产品收益、风险、期限等合同条款外，许多银行理财产品的合同中往往带有一系列附加条款，很可能对投资者的投资收益造成影响。此类附加条款主要规定了：第一，产品的增值服务，许多银行为了抢客户，特为购买某些产品的客户设定了一些特权，提高了潜在收益；第二，给投资者造成额外成本的条件约定，如搭售存款、征收服务管理费、提前终止必须支付的手续费等，此类附加约定会增加投资成本，降低实际收益水平。

5.5.2 深入了解避免误区

为了使银行理财产品更具吸引力，产品说明书有时会夸大收益、隐藏风险，若投资者没有认真阅读和思考，或缺乏相关的背景知识，很可能会陷入说明书的陷阱。等到产品到期或分红时才发现与自己的预期不符，再向银行询问时才发现原来陷入了误区。因此，投资者一定要仔细阅读合同条款，以免被理财说明中的模糊表述所误导。

投资者在购买银行理财产品时，往往容易陷入以下四个误区：

（1）认为保本产品不存在风险

许多理财产品冠以保本名称，但仍有损失本金的可能。实际上，这种保本的称呼是银行采取的一种以保本为目的的资产配置方式，同时，这些保本保证往往也附带了一些限制，如必须持有至期满，想提前赎回则不能保证。

（2）认为预期收益就是实际收益

由于市场风险存在，预期收益很可能无法实现，投资者最好参考一下此类产品过去几年的实际收益情况，如果普遍低于预期收益率，则可认为银行提供的预期收益率有夸大事实之嫌。

（3）认为收益越高的产品越质优

高收益往往伴随着高风险，判断理财产品的好坏，还应该结合其风险、流动性、期限结构、附加条款等多方面综合考虑。还需考虑自身的风险承受能力，在能力范围内购买收益较高的产品。

（4）认为产品到期日就是到账日

由于理财产品到期后，银行需要对产品进行清算，需要一定时间，所以资金到账日往往会比到期日晚一周左右，所以投资者也应将到帐日的规定作为选择理财产品的考虑因素之一，在其他条件相同的情况下，优先选择到账日期短的理财产品，便于自己的资产管理。

5.5.3 巧妙利用投资期限

巧妙搭配期限结构长短不一的理财产品，可以让投资者兼顾银行理财产品的流动性与收益。例如，可以搭配购买 6 个月和 1 年期的理财产品，先购买 6 个月的产品，等到产品到期时再购买 1 年期的产品。如此交替进行，每 6 个月就有一笔资金可供投资者使用，增强资金的流动性。在 6 个月后，全部的产品都已转为 1 年期的产品，享受 1 年期产品的收益。如果投资者对资金的流动性高，还可适当缩小产品期限，购买 3 个月和 6 个月的产品，等 3 个月期产品到期时再购买 6 个月期限的产品，这样与前面的运作机理相似，每 3 个月就有一笔资金到期以备调度。

5.5.4 适当选择外资银行

外资银行由于涉足银行理财产品市场较早、创新能力较强，其理财产品往往具有一定优势。外币理财产品可分为三类：一是两种外币组合的外币期权投资产品，大多不保本且收益不确定；二是与金融市场衍生工具挂钩的结构型理财产品，多为保本型产品，收益水平与其挂钩对象的市场表现密切相关；三是优惠利率的固定收益类理财产品，类似于外币储蓄，但可以获得较高的利率。在外币理财产品的收益率上，外资银行总体上要高于国内银行。所以，在正常市场条件下，投资者可适当考虑外资银行推出的外币型理财产品。

5.6 银行理财注意事项

银行理财产品无法避免金融危机的余震，不同的银行理财产品在金融危机的影响下呈现出新的风险收益结构特点。与此同时，银行也在积极开发推出一些收益更稳定、风险更低、流动性更高的产品。因此，投资者有一些务必要注意的要点：

（1）重点投向稳健型理财产品

金融危机带来了全球金融市场长时间的剧烈震荡，许多与货币市场和资本市场紧密相关的银行理财产品也难免受到影响。但是，由于稳健型理财产品多为保本型产品，且相对于股票，货币市场受金融危机影响更小，所以稳健型理财产品无疑是金融危机下理财产品投资的最佳选择。另一方面，在计算理财产品的实际收益时，应考虑通胀因素，各国央行采取的宽松货币政策措施，可能导致市场存在通胀压力，从而对产品的实际收益造成一定的影响。

（2）选择流动性高的理财产品

金融危机发生后，投资者最好评估金融危机对自身收入水平和收入预期的影响。对于从事金融行业或进出口行业的投资者，在预期收入下降的情况下，应选择投资于期限短、可质押、可提前赎回的高流动性理财产品，如期限为三个月的债券型理财产品。一方面，流动性高的资金能较好地满足自身的必要生活支出；另一方面，金融危机也会使其他金融资产大幅缩水，泡沫破灭带来了很好的抄底投资机会。与此同时，对现金的需求也会相应增加，使得高流动性的理财产品变得更具有吸引力。

（3）尽量使用人民币理财产品

随着金融危机余威仍在，美元持续走低，人民币却有持续升值的趋势，考虑到汇率风险对收益率的影响，投资者应尽量投资于人民币理财产品。外汇市场随着国际金融市场的剧烈波动，对外币型理财产品造出了极大的汇兑风险。

（4）审慎对待结构型理财产品

金融危机大大加剧了结构性理财产品的风险，减少了其预期收益率。首先，此类产品的收益结构直接与其挂钩对象的风险相关，挂钩对象如利率、基金、股票等都随着金融危机的爆发剧烈震荡，加大了结构型理财产品的风险；其次，国际银行业的剧烈波动也加大了结构型产品可能出现的交易对手风险。因此，投资者应根据结构型理财产品在金融危机下所呈现出的新特点，重新评估其风险收益结构，慎重对待，仔细选择。

（5）尽量避免投资 QDⅡ产品

金融危机下，投资者应当尽可能地避免投资 QDⅡ产品，主要理由有三点：第一，由于 QDⅡ产品的投资方向主要是国际股票市场，其剧烈的波动性加大了 QDⅡ产品的风险，而危机爆发后国际股市持续走低也降低了此类产品的预期收益；第二，在美元持续走低，人民币不断走高的情况下，QDⅡ产品的汇率风险也在不断增加；第三，由于 QDⅡ产品出现时间较短，市场制度尚不成熟，加之产品设计也存在不足，因此 QDⅡ产品的整体市场表现欠佳。在全球股市没有好转的情况下，普通投资者应当慎重对待 QDⅡ产品。

第6章 信托理财——高净值人士的选择

信托就是基于信任的委托关系。最原始的信托行为起源于古埃及的遗嘱托孤。经历数百年的发展，信托的应用日益深入。今天，信托已成为风行世界的高端财产管理工具，很多富人选择信托作为自己的理财工具，将自己的财产传递给子孙。在利率市场化的大背景下，信托在我国增值理财和财产管理市场上独领风骚。美国更是当今世界信托最为发达的国家，有很多针对每个家庭的信托理财产品，很多信托产品未被引入我国。

6.1 信托的基础知识

信托即受人之托，代人管理财物。是指委托人基于对受托人的信任，将其财产权委托给受托人，由受托人按照委托人的意愿以自己的名义，为受益人（委托人）的利益或其他特定目的进行管理或处分的行为。所谓信托产品，是指信托公司或者信托业经营机构，作为受托人接受委托，以信托原理管理处分信托财产的一种财产管理产品或者金融服务。

最早的信托起源于古埃及的遗嘱托孤，现代信托制度起源于英国，距今已有几个世纪了。19世纪初，信托制度传入美国后，开始发展壮大起来。美国人对信托的使用就像律师、私人医生一样，是生活中非常平常也非常必要的金融服务。企业和家庭的各种储蓄投资计划都可以成立信托账户，信托概念在美国文化中深入人心。

在美国，信托公司的主要客户是高端客户。美国的信托公司为客户提供包括专业化投资服务、专业化咨询服务、海外投资、税务咨询、遗产与房地产规划及其他增值服务在内的综合性服务。美国声名显赫的肯尼迪家族、洛克菲勒家族，都已经历了百年的传承，但家族财富并没有因此而分崩离析。主要原因是这些大家族的创始人运用信托基金的办法，把财产以信托的方式委托给专业机构进行管理。这样即使遇到了无德无能的子孙，也不会把家败光，解决了"富不过三代"的问题。

　　我国的信托制度最早诞生于 20 世纪初，但真正发展开始于改革开放，是改革开放的产物。1978 年，改革初期，百废待兴，许多地区和部门对建设资金产生了极大的需求，为适应全社会对融资方式和资金需求多样化的需要，1979 年 10 月我国第一家信托机构——中国国际信托投资公司经国务院批准同意诞生了。它的诞生标志着我国现代信托制度进入了新的纪元，也极大促进了我国信托行业的发展。截至 2013 年 6 月 30 日，我国信托行业的受托资产总规模已经达到 9.45 万亿，成为仅次于银行业的第二大金融行业。

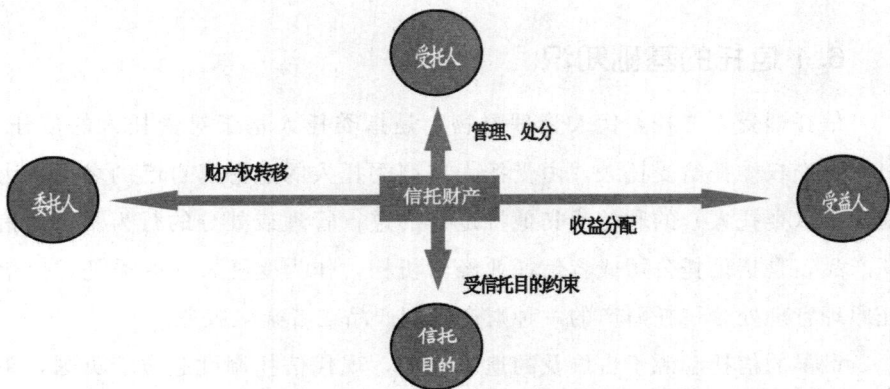

图 6-1　信托关系示意图

　　根据我国《信托法》第 2 条对信托的定义：信托是指委托人基于对受托人的信任，将其财产委托给受托人，由受托人按委托人的意愿以自己的名义，为受益人的利益或者特定目的，进行管理或者处分的行为。作为一种特殊的财产管理制度和法律行为，信托主要包括以下几个方面的含义：

①委托人对受托人的信任。这是信托关系成立的前提。一是对受托人诚信的信任，二是对信托人管理受托资产能力的信任。

② 信托财产及财产权的转移是成立信托的基础。委托人在设立信托时必须将财产权转移给受托人，这是信托制度与其他财产制度的根本区别。

③受托人以自己的名义管理处分信托财产。受托人管理处分信托财产必须是为了受益人的利益，既不能为了受托人自己的利益，也不能为了其他第三人的利益。

6.2 信托的特点

投资信托产品的本质就是委托专业机构理财。信托理财产品作为高端理财产品，门槛高、收益高、稳定性好、相对安全，是信托类理财产品的主要特点。信托计划产品一般是资质优异、收益稳定的基础设施、优质房地产、上市公司股权质押等信托计划，大多有第三方大型实力企业为担保，虽然也存在一定的风险，但是总体而言，信托产品在安全性上比一般的浮动收益理财产品要好。

（1）资金门槛较其他理财产品高

信托资金门槛一般为 100 万，而且对于集合资金信托来说，300 万以下的投资不能超过 50 位，300 万以上的投资者数量不受限制。

（2）所有权与利益权相分离

即受托人享有信托财产的所有权，而受益人享有受托人经营信托财产所产生的利益。信托财产的所有权主体与收益权主体的分离，是信托的根本特质。

（3）信托财产的独立性

信托一经有效成立，信托财产即从委托人、受托人和受益人的自有财产中分离出来，而成为独立运作的财产。委托人一旦将财产交付信托，便丧失对该财产的所有权；受托人虽取得信托财产的所有权，但不能享有信托利益。

（4）信托管理的连续性

信托一经设立，信托人除事先保留撤销权外不得废止、撤销信托；受托人接受信托后，不得随意辞任；信托的存续不因受托人一方的更迭而中断。

（5）信托有一定的避税功能

在国外，信托财产还可以有效地避免遗产税，名人富豪将财产转移到信托公司名下，这部分财产属于信托资产，名义上属于信托公司，因此不用交纳遗产税。在我国由于信托收益要不要交所得税，目前没明确规定，在一定程度上起到避税的效果。

（6）信托资金运用灵活

政策赋予信托公司的资金运用方式是非常宽松和灵活的，这也是信托公司与其他金融机构相比而言最大的优势之一。在我国，信托资金可以横跨货币、资本和实业三大市场，可以股权、贷款等多种方式进行投资。

表 6—1　中国金融机构可投资的范围比较

	信托公司	证券公司	基金公司	保险公司	银行
货币市场	√	√	√	√	√
债券市场	√	√	√	√	√
股票市场	√	√	√	√	
信贷市场	√				√
实业投资	√			√	

（7）信托产品的风险

信托是一种信任和委托关系。我国的《信托法》规定，信托产品的风险，如果信托公司完全按照信托合同的约定，履行了尽职、尽责的义务，由此产生的信托财产损失，信托公司不需要承担责任。如果由于信托公司未能按照信托合同约定、没有履行好尽职、尽责的义务，由此造成的损失，由信托公司以固有财产赔偿，不足赔付时，由投资者自担。一般而言，信托产品有如下风险：

①政策风险。政策、财政政策、产业政策和监管政策等国家政策的变化对市场产生一定的影响，可能导致市场波动，从而影响信托计划收益，甚至造成信托计划财产损失。

②利率风险。金融市场利率的波动会导致证券市场价格和收益率的变动，并直接影响着债券的价格和收益率，影响着企业的融资成本和利润。从而导致信托计划收益水平可能会受到利率变化和货币市场供求状况的影响。

表 6-2　信托理财与银行理财的比较

理财产品	银行理财产品	信托理财产品
发行主体	商业银行	信托公司
投资门槛	5 万/10 万/20 万/50 万不等	100 万以上
产品期限	一般为 7 天至 1 年	1 年/2 年/3 年或以上
预期收益	2%～5%左右	6%～15%左右

③公司经营风险。如果信托计划所投资的公司经营不善，使得能够用于分配的利润减少，信托计划收益会下降，甚至造成信托计划财产损失。

④保管人操作风险。若信托计划存续期间保管人不能遵守信托文件约定对信托计划实施管理，则可能对信托计划产生不利影响。

⑤信托利益不确定的风险。信托利益受多项因素影响，包括证券市场价格波动、投资操作水平、国家政策变化等，信托计划既有盈利的可能，亦存在亏损的可能。根据相关法律法规规定，受托人不对信托计划的受益人承诺信托利益或做出某种保底。

⑥委托人资金流动性风险。大多数信托计划，委托人需持有信托份额

直至计划结束，因此委托人在资金流动性方面会受一定影响。

目前在我国信托业内存在着"刚性兑付"的潜规则，即当信托产品出现问题时，不论信托公司是否有责任，都需要给信托持有人及时兑付。因为，一旦某个信托公司的某个信托产品无法及时兑付，那么，该公司以后的信托产品将可能会出现无人购买的窘境，同时也会使广大投资者对整个信托行业产生怀疑，影响整个信托行业的发展。"刚性兑付"是信托业处在发展初期的阶段性规则，随着信托业的发展和投资者风险意识的增强，"刚性兑付"的潜规则将会逐渐被打破。投资者自担风险的意识一定要树立起来。

6.3 信托的分类

（1）按投资标的可以分为以下几类：

①工商企业信托。工商企业信托是指信托资金的用途是为生产、服务和贸易等类型企业提供并购资金、流动资金以及项目资金的信托计划。类型可采用股权类、债券类以及夹层融资等多种方式。

②基础设施信托。基础设施信托是指将信托资金专门用于投资大型公共基础设施项目。信托公司通过发行信托计划，募集资金参与投资市政工程、公共设施、水务系统、道路交通或者能源通信等基础设施项目，一般采用信托贷款、股权投资合作开发等方式。融资主体往往是具有高信誉级别或拥有政府背景的大型企业集团，所投资项目也多为投资者较为熟知的、服务社会的重点工程，产品本身附有政府信用或银行信用，能够为投资者提供安全稳定的投资收益。目前基础设施信托的收益水平为 6%—7% 之间，而且风险相对较小。

【案例】国民信托发行的一款基础设施信托——永州城投集合资金信托计划。受托人——国民信托将信托资金以受托人名义向永州市城市建设投资开发公司发放信托贷款。永州城投以自身持有的 12000 亩林权资产进行抵押，抵押率不高于 38.69%。中国银行永州市分行下属支行对本信托计划进行资金监管。信托期限为 24 个月。委托人的认购金额不低于人民币 100 万元（含），以上按照每 10 万元为单位递增。单笔认购金额 100 万元至 300 万元，预期收益率为 9%/年；单笔认购金额 300 万元以上，预期收益率为 9.6%/年。信托计划信托利益分配日为信托存续期每季度末月的 20 日及信托终止日。

③房地产信托。房地产信托，是指委托人基于对信托投资公司的信任，将自己合法拥有的资金委托给信托投资公司，由信托投资公司按委托人的意愿以自己的名义，为受益人的利益或特定目的，将资金投向房地产业并对其进行管理和处分的行为。这也是我国正大量采用的房地产融资方式。目前房地产信托的收益水平在 9% 左右，在信托中属于风险和收益偏上的产品。

④矿产信托。矿产信托，主要是融资主体通过信托贷款融资投向矿产资源开采等相关业务，而认购信托产品的投资者获得固定的资金收益。矿产信托具有融资规模大，风险高，预期回报率高的特点。目前矿产信托的平均收益率在 10% 左右。

⑤艺术品信托。艺术品信托是指信托资金主要投资于投资于艺术品市场，通过艺术品投资组合，在尽可能地控制风险的前提下为投资者提供分享艺术品价值增长的收益。艺术品信托是艺术品资产转化为金融资产的一种现象。目前艺术品信托主要有艺术品质押融资信托和艺术品投资信托基金两种形式。

【案例】艺术品信托的典型案例是国投信托于 2009 年 6 月 18 日成功推出的"国投信托·盛世宝藏 1 号保利艺术品投资集合信托计划"，是国内第一支艺术品信托产品，该信托计划规模为 4650 万元，期限为 18 个月，预期年收益率为 7%。该信托到期后，由艺术品藏家对艺术品进行回购，并支付 7% 的费用作为投资收益，同时由保利文化承担对艺术品估值不当的责任。

⑥公益信托。公益信托是指为了公共利益的目的，使整个社会或社会公众的一个显著部分受益而设立的信托。公益信托具有必须是完全为了社

会公共利益、受益人是不完全确定的、不得中途解除合同的特点。

【案例】"西安信托5.12抗震救灾公益信托计划"。该信托于2008年6月6日正式成立，为特定目的的公益信托，规模为1000万元，信托期限为三年，参与该信托计划的企业法人机构一共有四家，除西安信托自身捐助200万元之外，上海证大投资管理有限公司、深圳市淳大投资有限公司、深圳市斯科泰技术有限公司分别出资370、320、110万元，该信托计划无指定受益人，信托资金用于陕西省因汶川大地震而受损的中小学校校舍重建，或援建新的希望小学。该信托被视为真正意义上的公益信托在我国的尝试。

（2）按投资方式可以分为以下几类：

①信托贷款类：将信托资金以受托人（信托公司）的名义给项目公司发放贷款。

②权益投资类：将信托资金投资于能带来稳定现金流的权益。

③证券投资类：将信托资金投资于证券市场，包括一级市场、二级市场、定向增发等，证券投资类产品受托人一般会委托投资顾问进行管理。

④股权投资类：将信托资金以受托人的名义对项目公司进行股权投资，通过股权增值、分红或溢价回购等获得收益。

⑤组合运用类：受托人将信托资金以股权投资、权益投资、贷款等方式组合运用于项目公司。

（3）依据委托人的人数分为单一信托和集合信托

单一资金信托，也称为个别资金信托，是指信托公司接受单个委托人的资金委托，依据委托人确定的管理方式（指定用途），或由信托公司代为确定的管理方式（非指定用途），单独管理和运用货币资金的信托。集合资金信托计划（简称信托计划），即由信托公司担任受托人，按照委托人意愿，为受益人的利益，将两个以上（含两个）委托人交付的资金进行集中管理、运用或处分的资金信托业务活动。

单一资金信托计划是相对于集合资金信托计划而言的，其最容易觉察的区别在于委托人数量，但其区别也并非仅此一处。更大的差别在于，委托人性质和委托人的地位：单一资金信托计划的委托人多为机构，比如银行，而集合资金信托计划的委托人则多为自然人；单一资金信托计划的资金运用和投资方向往往由委托人主导，而集合资金信托计划则由信托公司主导，产品由信托公司自主创设。

6.4 信托产品投资渠道

（1）信托产品的投资资格及门槛

信托理财属于高端理财产品，主要是为富人设计的专业理财计划。根据我国的相关法律法规，信托投资者必须具备三项资格，才能投资信托计划：

第一，投资者的个人收入在最近 3 年内每年收入超过 20 万元人民币，或者夫妻双方合计收入在最近 3 年内每年收入超过 30 万元人民币，且能提供收入证明；

第二，在认购信托计划时，个人或家庭金融资产总计超过 100 万元，且能提供财产证明；

第三，投资一个信托计划的最低金额不少于 100 万元。

对于单个信托产品来说，每份投资一般不少于 100 万元，且 300 万元以下的投资者不能超过 50 名。例如一个规模为 1 亿元的集合信托计划，由于单个投资者的投资不低于 100 万元，因此该信托计划的投资者最多不超过 100 位。

（2）购买信托产品的程序和步骤

第一步，定期通过电话咨询信托公司理财经理、银行的私人银行部、证券公司的理财中心，第三方理财机构（如诺亚财富、展恒理财等），了解最新的信托产品推介信息。对感兴趣的信托产品要先预约，等产品正式推出后购买。

第二步，投资者决定购买信托产品后，交纳认购款项，把认购资金打入信托公司为信托计划开立的专项账户中。

第三步，经核实认购款项到账后，投资者即可以委托人的身份与信托公司签订正式信托合同及相关法律文书。

信托合同签订后，在信托计划推介期内可以解除；信托计划成立后不能解除，但可以转让他人，转让时，转让方和受让方均须缴纳一定金额的手续费。

信托计划结束，收益会打入合同签订时写的银行账户，需要注意的是，信托程序期间，该账户勿销户，勿更改姓名，以便资金顺畅的打入。

（3）如何获得信托收益

信托产品在信托存续期间，没有净值。一般来说，在每一个信托年度结束时，信托所取得的收益在扣除相关税费后，会以现金形式直接分配给投资者。在所有投资项目成功取得收益后或信托存续期到期后，信托未分配的收益和信托本金会分配给投资者。

（4）如何退出信托计划

严格来说，加入信托计划（主要是指集合资金信托计划）后，在信托计划没有结束前是不能退出的，但可以采用转让信托受益权的方式实现退出，这也是目前国内普遍采用的方式。转让受益权可以通过在信托计划发行的机构网站、产权交易所、信托类网站上发布转让信息，在找到受让方后，通过与受让方签订受益券转让合同实现退出。由于目前国内还没有统一的信托产品转让平台（二级市场），信托产品的转让不是很方便，这个问题已经引起监管层的重视，相信不需太久，一个全国性的信托产品交易平台就会出现。

对于单一信托，一般不能提前退出，除非借款人提前偿还借款，信托计划提前终止，此时委托人就能提前收回投资并获得相应收益。单一信托到期后，除了能够正常偿付本息之外，也可以通过把信托受益权进行转让来退出信托计划，收回投资。例如2012年大连钢材与物资交易大厦项目，项目到期后借款人由于现金流紧张，不能正常偿还借款，最终由华信信托受让原委托人的信托受益权，原委托人得以退出信托计划。

6.5 信托产品选购策略

（1）如何考察信托产品

在选购信托产品时，主要考察信托产品的盈利前景、信托项目的风险控制措施及信托公司的资信状况。尽量选择信托项目的盈利前景较好，担保物充足，劣后级足以弥补优先级损失以及由信誉良好信托公司发行的信托产品进行投资。

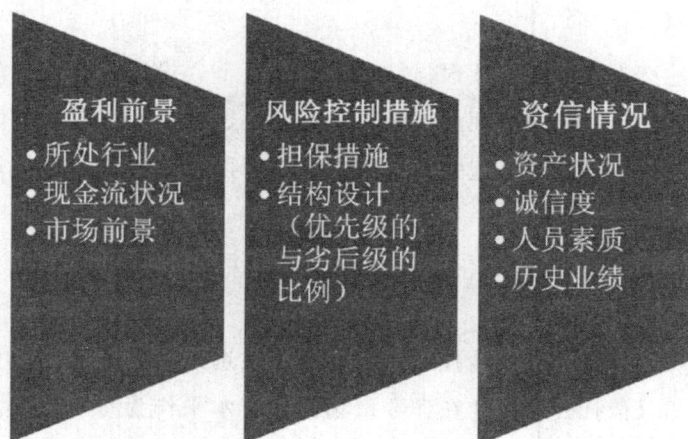

图 6—2　考察信托产品的步骤

（2）如何选择房地产信托产品

①应该优先选择那些在房地产信托业务方面具备长期经验、专业团队和良好业绩的信托公司发行的产品。毕竟信托机构是设计、发行和管理房地产信托产品的"第一线操刀者"，也是评估和防范信托资金运用风险的"第一道屏障"。

②贷款类产品需要看抵押物价值和贷款额之间的比例，抵押率控制在60%以下比较合理；股权类产品如有结构化设计的要看结构化设计优先劣

后的资金比例，比例越低越好，如果能达到 1∶1 最好；在股权控制方面，受托人最好能派董事和监事，并外派监管人员若干名对项目公司的资金用途进行全程监管，实际控制项目公司的公章、法人章、财务章、开户许可证等，并对项目公司重大事项具有一票否决权。

③重点关注担保方式。通常情况下土地使用权抵押或房地产项目公司股权质押优于第三方保证；如果房地产信托产品设计中运用了房屋所有权买断、项目公司股权转让、第三方金融机构保证等方式，这些无疑是更稳妥的担保机制。另外，不少房地产信托理财产品都设计了组合的担保策略，投资者在甄别产品时应坚持抓大放小的原则，重点关注最便于掌控和变现的担保方式。

④房地产市场的区域性很强，在同等条件下，投资者应该优先选择经济发展水平较高、当地房地产市场较具成长性、投资环境以及配套基础实施较完善的地区，尤其是这些地区的中心城市以及重要地段的房地产信托项目应该是不错的选择。

（3）如何选择证券投资类信托产品

①要看信托公司实力

一旦决定投资证券类信托产品，那么在挑选产品时一定要注重信托公司的实力。以信托公司以往在证券市场的投资水平作为参考依据之一，选择资质、实力都较好的信托公司能在很大程度上降低投资人自己的投资风险。此外，现在市场上较多信托产品都采取组合应用的方式，基金、证券以及其他投资渠道相结合，这也为投资者降低了风险。

②关注资金配比情况

投资者在选择该类信托产品时，要注意产品设计是结构化还是非结构化。对于结构化产品，投资者一般购买的是优先级，享受的是相对固定的收益，少数产品还可享受一部分超额收益，其本金和收益由劣后级信托资金提供担保。如果信托产品整体出现亏损，则首先亏的是劣后级信托资金。

（4）如何选择股票质押类信托产品

股票质押信托又称为股权质押信托，是指信托公司接受投资者委托，募集的资金用于受让融资方持有的股权收益权，融资方以上市公司股票或优质的非上市公司股权质押作为主要的增信措施的信托产品。在选购股票质押信托类产品时，要注意以下几点：

一要考察股票质押类信托产品的融资方是否为大型优质上市企业。要看信托合同中融资方是否在转让股票收益权的同时将该股票质押给信托公司，以作为其履行回购义务的担保。如果融资方将股票质押给了信托公司，则融资方到期若不能履行回购义务，信托公司则可通过二级市场进行交易，保证投资者的信托本金和收益获得清偿。

二要看股票的质押率是否过高。对于不同市场的股票亦有不同的风控标准，如主板市场的流通股票，质押价格原则上不超过近期收盘均价的50%；中小板市场的流通股票，质押价格原则上不超过近期收盘均价的40%。质押率越低，投资者的投资风险就越小。

（5）如何突破100万元的信托门槛

我国信托法规定信托的投资门槛为100万元，这对于多数普通百姓来说，门槛确实有点高。一般来讲，我们可以和几个比较信任的亲戚、朋友联合起来进行投资。在与信托公司签署合同时，从其中一个人的账户中汇出，并以这个人的名义签署信托投资合同。一般来讲，我们可以选择大家最信任的人来签署信托，也可以选择出资最多的人来签署。与此同时，为了保障大家的权益，所有投资信托的人再签署一个内部投资合作协议，明确大家的收益共享、风险共担。采取这样合作投资的办法，如果投资人比较多，还可以突破信托300万元的投资门槛，获取更高档次的投资收益。

6.6 购买信托注意事项

6.6.1 购买信托产品注意事项

第一，要选择信誉良好的信托公司。投资者要认真考量信托公司的诚信度、资金实力、资产状况、风险管控力度，历史业绩和人员素质等各方面因素，从而决定某信托公司发行的信托产品是否值得购买。目前国内信托公司截止 2013 年 4 月 28 日有 68 家公司，最新成立的是中国民生信托公司。投资者要关注每年信托公司的排名，选择排名靠前的信托公司。

第二，要预估信托产品的盈利前景。市场上的信托产品大多已在事先确定了信托资金的投向，因此投资者可以透过信托资金所投资项目的行业、现金流的稳定程度、未来一定时期的市场状况等因素对项目的成功率加以预测，进而预估信托产品的盈利前景。

第三，要考察信托项目担保方的实力。如果融资方因经营出现问题而到期不能"还款付息"，预设的担保措施能否有效地补偿信托"本息"就成为决定投资者损失大小的关键。因此，在选择信托理财产品的时候，不仅应选择融资方实力雄厚的产品，而且应考察信托项目担保方的实力。一般而言，收益高的产品，安全性不会高。

第四，从各类信托理财产品本身的风险性和收益状况来看，信托资金投向房地产、股票等领域的项目风险较高，收益也较高，比较适合风险承受能力较强的年轻投资者或闲置资金较丰裕的高端投资者；投向能源、电力、基础设施等领域的项目则安全性较好，收益则相对较低，比较适合于运用养老资金或子女教育资金等长期储备金进行投资的稳健投资者。

第五，要注意一些细节问题，仔细阅读信托合同，对自己要承担的风险有一个全面的把握。信托理财产品绝大多数不可提前赎回或支取资金，购买后只能持有到期，如果投资者遇到急事需要用钱而急于提前支取，可以协议转让信托受益权，但需要付出一定的手续费，因此应尽量以短期内不会动用的闲散资金投资购买信托理财产品。

第六，购买信托之后，要关注信托公司的信托管理公告。信托法规对信托公司的义务和责任做出了严格的规定，监管部门也要求信托公司向投资者申明风险并及时披露信托产品的重要信息。信托公司一般会通过网上、手机、邮件等按季度向受益人披露信托财产的净值、财务信息等，投资者应及时关注，保障自己的投资权益。

6.6.2 投资信托产品的常见问题

（1）购买信托产品可以保本吗？

对此，信托投资专家提醒大家，信托产品投资不同于银行存款，不能承诺信托财产不受损失或者保证最低收益。信托公司依据信托计划文件管理信托财产所产生的风险，由投资者承担；只有当信托公司因违背信托计划文件、处理信托事务不当而造成信托财产损失的，才由信托公司承担。因此，投资者在选购信托产品时，一定要在自己的风险承受范围内选择合适的产品，不能一味地选择收益高的产品，而忽略了高收益背后的高风险。

（2）异地可以购买信托产品吗？

异地是可以购买信托产品的。对于信托产品来说，一般的推介地为发行地，本地客户可以直接到信托公司购买，异地的客户也可以参与认购。在信托产品由信托公司自主营销时，异地客户认购的，程序大致如下：首先，投资者可以上信托公司的官方网站，直接致电信托公司的理财经理进行预约；其次，在信托产品开始发行后，确定要购买的产品和金额，在信托公司通知划款后，投资者将资金划入信托公司的信托资金专户；信托公司查到款项进账记录后与投资者确认，并将空白的信托合同快递至投资者指定地点；最后，投资者在信托公司的指导下自行填写合同后将信托合同在规定的时间内快递至信托公司；信托公司在核对无误后在信托合同上加盖公章并寄回给投资者，完成认购过程。

（3）投资信托产品有哪些费用？

信托公司受托管理资产，肯定是要收取一定管理费用的。但是，对投资者而言，预期收益中已经减去了信托管理费用。投资者购买信托产品一般没有申购费、固定管理费。

固定收益类信托理财产品的相关费用。固定收益类信托理财产品的相关管理费用一般是向融资方收取（由信托财产承担）。信托合同中委托人的预期的信托网收益是相当固定的纯利得财富收益。固定收益类信托财产承担的费用主要有：受托人（信托公司）收取的信托报酬、保管人（保管银行）收取的保管费、信托文件账册制作及印刷费、信托计划日常管理费用（交通、通讯、保险、律师、审计等）、召集收益人大会的相关费用、资金汇划费、信托终止时的清算费用、为保护和实现信托财产而支出的费用以及按照有关规定应当由信托财产承担的其他费用等。具体收费额度每家公司的每一款合同都有所区别。

证券投资类信托理财产品的相关费用。证券投资类信托理财产品（阳光私募）的相关费用虽然由信托财产承担，但与投资者的关系高度相关，因为投资者的最后利益是信托财产扣除所有相关费用的余额。证券类信托理财产品的相关费用主要有：固定管理费（约为净值的 1％～1.5％）、浮动管理费（一般为赢利部分的 20％）、保管费（一般为净值的 0.25％左右）、认购费（一般是认购资金 1％左右）、赎回费（一般在封闭期内赎回要收取高额赎回费，超过免收）、信息披露费、银信托事务聘用的会计师和律师等中间费用、信托终止时的清算费用、证券及其他投资品种交易手续费/印花税/及其他费用、信托财产管理运用及处分过程中发生的其他相关税赋和费用等。

股权投资类信托理财产品的相关费用。股权投资类（PE）信托理财产品的相关费用，这类信托理财产品也和证券类信托产品一样，投资者的最后利益也是信托财产扣除所有相关费用的余额。股权投资类（PE）信托理财产品的相关费用主要有：信托认购费（购买信托时额外收取，认购额的 2％左右）、固定管理费（信托公司收取，每年按信托资金的 2％左右收）、浮动管理费（按信托收益的 20％左右收取）、托管费（由托管银行按每年 0.1％左右收取）和信托财产管理运用及处分过程中发生的其他相关税赋和费用等。

第7章　基金理财——看你信不信专家

基金的实质就是请专家帮我们理财。买基金买的是专家理财服务，把个人资金交由投资专家打理，享受专业理财服务给我们带来的丰厚收益。随着利率市场化和金融创新，基金的种类也越来越多，可谓五花八门。购买基金也有很多学问，不仅要选择适合自己的基金种类，还要挑选优秀的基金管理公司。为此，我们需要了解掌握一定的资本市场和证券知识，并且还有一个正确稳定的心态和长远的理财规划。

7.1 基金的基础知识

基金是指通过发售基金份额，将众多投资者的资金集中起来，形成独立财产，由基金托管人托管，基金管理人管理，以投资组合的方式进行证券投资的一种利益共享、风险共担的集合投资方式。

基金作为社会化的理财工具，起源于英国。1868 年英国成立的"海外及殖民地政府信托基金"，这是公认的设立最早的基金。金融史学家将其视为基金的雏形。随后美国的基金后来居上，成为了资金规模最大的国家。1924 年 3 月 21 日，"马萨诸塞投资信托基金"设立，这也是世界上第一个公司型开放式基金。1940 年美国制定了世界上第一部系统规范的投资基金法——《投资公司法》，为美国基金的发展奠定了基础。

20 世纪 80 年代以后，随着世界经济的高速增长和全球经济一体化的迅速发展，基金在世界范围内得到了普及发展。目前美国仍然占据全球基金业的主导地位，但是其他国家的基金业也发展迅猛。开放式基金已经成为基金的主流产品，基金市场的竞争更加加剧，行业集中趋势突出。而基金的资金来源也发生了重大变化。

我国基金业是伴随着中国的证券业发展起来的。1993 年中国人民银行批准淄博基金在上海证券交易所上市，标志着我国全国性基金市场的诞生。1997 年以前成立的基金，基金总规模很小，运作也很不规范，称为"老基金"时期，这也是我国基金发展不规范的时期。1997 年 11 月 14 日，《证券投资基金管理暂行办法》颁布。2000 年 10 月 8 日，中国证监会发布了《开放式证券投资基金试点办法》，对我国开放式基金的试点起了极大的推动作用。2003 年 10 月，《基金法》颁布，我国基金业迎来健康规范的发展时期。

7.2 基金的特点

作为一种间接投资工具，基金具有以下四个特点：

（1）集合理财、专业管理。基金将众多投资者的资金集中起来，委托基金管理人进行共同投资，表现出一种集合理财的特点。通过汇集众多投资者的资金，积少成多，有利于发挥资金的规模优势，降低投资成本。

（2）组合投资、分散风险。为降低投资风险，一些国家的法律法规通常规定基金必须以组合投资的方式进行基金的投资运作，从而使"组合投资、分散风险"成为基金的一大特色。

（3）利益共享、风险共担。基金实行利益共享、风险共担的原则。

（4）独立托管、保障安全。基金管理人负责基金的投资操作，本身并不参与基金财产的保管，基金财产的保管由独立于基金管理人的基金托管人负责。

基金与其他理财产品相比，有很大的不同：

（1）基金与银行储蓄的不同

银行储蓄的目标一般是满足短期需要，例如，即时的消费或意外支出。它的特点是很安全，很容易变现，您可以随时取回资金，而且有一定的利息收入；但是银行存款的利率通常很低，还要缴纳利息税，难以抵御通货膨胀。而基金的风险高于银行储蓄，同时，基金作为一种相对长期的投资工具，可以通过广泛投资于股票、债券等工具，获得较高的收益。尤其是开放式基金，往往通过银行网点代销，从买卖程序上跟存款和取款相似，一般也可以保持较好的流动性。

（2）基金与债券的不同

债券是政府、金融机构、工商企业等直接向社会借债筹措资金时，向投资者发行，并且承诺按一定利率支付利息，并按约定条件偿还本金的债权债务凭证。债券投资最大的特点就是收益相对稳定。例如现在最常见的债券品种就是国债，由于国家保证还本付息，比较安全；但由于目前国债的期限一般都比较长，所以收益率可能低于市场利率。基金的投资对象包括股票和债券，收益率一般高于国债，而且由于进行了比较充分的分散投资，可以在一定程度上降低风险。尽管这样，一般而言，投资基金的风险要高于债券。

（3）基金与股票的不同

股票是股份有限公司在筹集资本时向出资人发行的股份凭证，代表持有者即股东对公司的所有权。股票投资的收益是不确定的，如果公司经营良好，作为股东就可以分享利润（通常是以红利形式），并且可以从市场股票价格上涨中获益。相反，如果公司出现问题，出资人的投资就会贬值。由于发行公司的经营效益有很大的不确定性，而且股票的市场价格波动也比较剧烈，所以股票投资的风险更高。基金由专家进行理财，采取组合投资的方式，虽然有的基金也会投资于股票，但是它能够在一定程度上降低风险，收益相对股票比较稳定。对于大多数的中小投资人而言，通过购买基金委托专家操作是比较好的投资股票的方式。

7.3 基金的分类

（1）封闭式和开放式基金

根据基金单位是否可增加或赎回，可分为开放式基金和封闭式基金。

开放式基金一般不上市交易，通过银行、券商、基金公司申购和赎回，基金规模不固定；封闭式基金有固定的存续期，一般在证券交易场所上市交易，投资者通过二级市场买卖基金单位。开放式基金可以随时赎回，所以不存在折价或溢价；封闭式基金在期限未到时，不能赎回，只能通过市场交易变现，所以会存在折价或溢价。

（2）股票基金、债券基金、货币基金

根据基金的投向可分为股票基金、债券基金和货币基金。它们的投资风险依次降低。货币基金一般可以做到保本，同时可以保证有收益。股票基金是指以股票为主要投资对象的基金。根据中国证监会对基金类别的分类，基金资产 60％以上投资于股票的就是股票基金。债券基金主要以债券为投资对象，基金资产 80％以上投资于债券的就是债券基金。货币基金以货币市场工具为投资对象，基金资产仅投资于货币市场工具。混合基金同时以股票、债券等为投资对象，通过在不同资产类别上的投资实现收益与风险之间的平衡。

（3）增长型基金、收入型基金和平衡型基金

根据投资风险与收益的不同，基金可分为增长型基金、收入型基金和平衡型基金，它们的投资风险依次降低。增长型基金指追求资本增值为基本目标，较少考虑当期收入的基金，主要以具有良好增长潜力的股票为投资对象。适合风险厌恶程度较低的人，例如年轻人投资，因为增长型基金具有高风险、高收益的特点。收入型基金指以追求稳定的经常性收入为基本目标的基金，主要以大盘蓝筹股、公司债、政府债券等稳定收益证券为投资对象。适合风险厌恶程度较高的人，此种基金具有低风险、低收益的特点。平衡型基金则是既注重资本增值又注重当期收入的一类基金。

（4）主动型基金和被动型基金

根据投资理念不同可分为主动型基金和被动型基金。主动型基金是一类力图超越基准组合表现的基金。被动型基金并不主动寻找渠道超越市场的表现，而是试图复制指数的表现。一般主动型基金是以寻求取得超越市场的业绩表现为目标的一种基金。与其对应的被动型基金（通常被称为指

数型基金）一般选取特定的指数成分股作为投资的对象，不主动寻求超越市场的表现。在较短的时间内，有些主动性基金可以取得超越市场平均水平的收益，但很少有主动型基金可以长期超越市场平均收益水平。因此，主动型基金适合短期投资，而被动型基金适合做长期投资。

表 7－1　各类证券投资基金的比较

基金种类	基金的投向	风险程度	申购赎回费率	适应人群
股票基金	股票市场	风险大，随股市波动	申购费 1.5％，赎回 0.5％	能够承担股市风险的人
指数基金	股票市场	风险大，随股指波动	申购费 0.5-1％，赎回 0.5％	能够承担股市风险的人
债券基金	债券市场	风险小，随债市波动。一年以上投资一般不会出现亏损	申购费 0.5-1.2％，赎回 0-0.5％	希望持有 1 年以上的投资者
混合基金	股票和债券	风险中，跟随股票和债券市场波动	申购费 1.5％，赎回 0.5％	能够承担股市风险的人
货币基金	货币市场	几乎无风险，而且每天都会有收益	无申购和赎回费用	日常现金管理

（5）公募基金和私募基金

按照是否公开募集基金可以分为公募基金和私募基金。公募基金是受政府主管部门监管的，向不特定投资者公开发行受益凭证的证券投资基金，这些基金在法律的严格监管下，有着信息披露、利润分配、运行限制等行业规范。目前国内证券市场的基金基本都是公募基金，无论是开放式还是封闭式。私募基金是向不特定投资人公开发行受益凭证的证券投资基金，是一种非公开宣传的，私下向特定投资人募集资金的集合投资。目前国内出现了一批比较成功的私募基金，如上海重阳、上海尚雅、深圳金钟等。

（6）对冲基金、杠杆基金及进取型基金

对冲基金（hedge fund）是指采用对冲交易手段的基金，也称避险基金或套利基金。对冲交易的方法和工具很多，如卖空、互换交易、现货与期货的对冲、基础证券与衍生证券的对冲等。对冲基金通过对冲的方式避免或降低风险，但结果往往事与愿违。由于潜在风险较大，因此对冲基金被界定为私募基金的一种，而不是公募的共同基金。

我国的杠杆基金属于分级基金的杠杆份额（又叫进取份额）。分级基金是指在一个投资组合下，通过对基金收益或净资产的分解，形成两级（或多级）风险收益表现有一定差异化基金份额的基金品种。它的主要特点是将基金产品分为两类份额，并分别给予不同的收益分配。进取型基金是以成长型股票为主要标的，投资组合中股票的占比不低于60%。这种基金的投资目标是通过精选蓝筹股票，分享证券市场成长收益，力求实现基金资产的长期稳定增值。

除了以上分类之外，还有一些投资标的比较特殊的基金，如指数基金、期货基金、房地产基金、黄金基金、产业基金等。

7.4 基金的创新和发展

国外基金业已经非常成熟，基金已经成为家庭投资理财的重要手段，投资基金所占的比重不断上升。从美国的情况看：家庭平均持有基金为4只，持有的基金种类主要是股票基金、债券基金、混合基金及货币基金；中等投资规模的家庭年收入约为6.21万美元，家庭金融资产总值约为10万美元。

未来我国基金品种的创新主要有三大方向：一是开放式基金的品种设计，力求使开放式基金尽快成为基金市场的主流品种；二是基金筹资对象的扩大，不久的将来，保险金、养老金将成为基金的主要运作对象，甚至可以考虑允许中外合作基金去海外筹集资金；三是基金投资对象的拓展，比如，利用外方对海外市场比较熟悉的优势，帮助中国的基金公司走出国门，积极拓展海外业务，参与国际市场的投资活动。

存款利率市场化，意味着投资者即使把钱存进银行，收益率也会比以往提高。在各类型的基金产品中，跟市场利率相关程度最高的就是货币基金。货币基金反映的是整个市场的资金供需状况，如果利率上升，意味着市场资金供求状况偏紧，货币基金收益率自然会维持在相对较高的水平。

而主要投资于风险较高的资产股票型基金可能会被普通投资者抛弃，为此它将不得不以更高的绝对收益率来吸引投资者。而投资者对待风险资产的态度将变得更谨慎，风险偏好也将随之降低。如果市场利率整体上升的话，投资者对风险产品的收益要求更高，这会给基金权益类产品带来不利的影响。

在利率上升的过程中，对债券收益率会有负面影响，而相应的固定收益类基金的收益也会降低。但长期来看，市场利率逐步上调之后，固定收益类产品的收益也会相应提高。基金投资者的偏好会逐渐向这类产品转移。在利率市场化背景下，货币型基金对于投资者来说是一个不错的选择，可以获得比银行存款高出几倍的收益率，又能享受利率市场化带来的市场利率的提高，而且在流动性和安全性方面也优于股票型基金和债券型基金。

总体上来看，利率市场化对股票型基金影响不大，但对债券型和现金管理型基金影响较大，这主要来源于银行系基金公司的竞争。目前债券型和现金管理型基金波动不大，对投资定价可以较好预测。未来，随着利率市场化的深入，债券型和现金管理型基金价格波动增大，这将挑战基金公司产品设计理念，各种新的基金将会孕育而生。

7.5 基金投资渠道

基金的认购渠道有多种：直销、代销、网上发售、柜台签售等形式。这些基金销售形式的多样化，给投资者带来了更多的选择方式，同样其也因形式的不同给消费者的选择带来困难。首先让我们看看哪里可以购买基金管理公司的基金产品？公募基金销售主要有三个渠道，即基金公司直销中心、银行代销网点、证券公司代销网点，现在邮储网点也已成为基金销售的第四个渠道。另有第三方理财公司可销售基金。

（1）认购基金的不同渠道

a. 基金公司直销中心。优点是可以通过网上交易实现开户、认（申）购、赎回等手续办理，享受交易手续费优惠，不受时间地点的限制；缺点是客户需要购买多家基金公司产品的时候需要在多家基金公司办理相关手续，投资管理比较复杂。另外，需要投资者有相应设备和上网条件，具备较强网络知识和运用能力。

b. 银行网点代销。优点是银行网点众多，投资者存取款方便；缺点是每个银行网点代销的基金公司产品有限，购买手续费高；投资者办理手续需要往返网点。

c. 证券公司代销。优点是证券公司一般都代销大多数基金公司产品，证券公司客户经理具备专业投资能力，能够提供良好的建议，通过证券公司网上交易、电话委托可以实现基金的各种交易手续；资金存取通过银证转账进行，可以将证券、基金等多种产品结合在一个账户管理；缺点是证券公司网点较银行网点少。

（2）选择合适自己的基金渠道

对于有较强专业能力（能对基金产品进行分析、能上网办理业务）的投资者来说，选择基金公司直销是比较好的选择。只要自己精力充足，可以通过产品分析比较以及网上交易自己进行基金的投资管理。

对于年龄稍大的中老年基金投资者来说，适合选择银行网点及身边的证券公司网点。因为银行网点众多，比较便利；去证券公司则可依靠证券公司客户经理的建议，通过柜台等方式选择合适的基金。

对于工薪阶层或年轻白领来说，更加适合通过证券公司网点实现一站式管理，通过一个账户实现多重投资产品的管理，利用网上交易或者电话委托进行操作，辅助以证券公司的专业化建议来提高基金投资收益水平。

（3）不同渠道购买基金的流程

到基金公司和银行网点及证券公司网点办理基金开户或者购买的流程基本一致。投资者需要到网点柜台填写《开放式基金账户申请表》。柜台开户需要提供的资料：一是本人法定身份证件原件（包括居民身份证、警官证、军人证或护照等）；二是本人活期银行卡或存折办理银证转账。基金账户开立之后，就可以通过电话委托、网上交易或者亲临柜台进行基金认（申）购和赎回。一般基金公司会在每季度，给投资者寄送对账单。值得一提的是，现在各大银行、基金公司都推出"网上基金"业务，因为通过网上渠道进行的交易实际上不用投入太多的人力物力，因此网上基金交易具有一定的优惠。

7.6 基金投资策略

（1）选择基金基本准则

在选择基金品种时，投资者首先需要了解的是管理这只基金的基金公司，它的股东结构、历史业绩，是否在一定时间内为投资者实现过持续性回报，其服务和创新能力如何等。其次要了解它的基金经理，基金经理水平如何，操守如何，应该成为投资者是否购买某只基金的重要参考指标。一般来讲，如果一只基金能够连续3年以上将业绩保持在同类型基金排名的前1/3之内，基本上就属于可以信得过的基金公司和基金经理。

然后要了解基金产品的具体情况，选择适合自己的基金种类。如：基金品种属性，是属于高风险高收益的股票型基金，还是偏重于资金安全的保本型基金等；了解基金产品的投资策略、投资目标、资产配置等。不同的基金种类，适合不同的投资人群。目前我国国内现有的基金品种，收益和风险的大小排列如下：

偏股型
基金

平衡型
基金

偏债型
基金

货币市
场基金

保本
基金

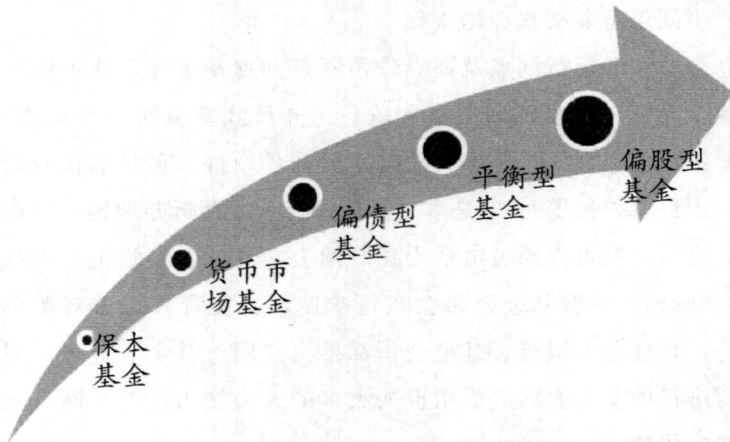

上图中，左下角为收益小风险小的产品，随着箭头的方向，产品风险越大收益越高，偏股型基金的风险最大、收益最高。投资者可以判断自己的风险承受能力，然后根据各种产品的风险和收益情况进行选择。若投资者难以确定自己的风险承受能力，可以尝试做投资组合，将风险高、中、低品种进行搭配。

（2）购买基金时需五看

一看基金经理是否有基金管理的经验。虽然新基金没有历史或者历史较短，但基金经理的从业历史不一定短。投资者可以通过该基金经理以往管理基金的业绩，了解其管理水平的高低。投资者可以从招募说明书、基金公司网站上获取基金经理的信息。

二看基金公司旗下其他基金业绩是否优良。投资者可以通过新基金所属的基金公司判断这只新基金的前景。如果该基金公司旗下其他基金过去均表现优异，投资者可放心购买。

三看基金经理投资理念及基金经理投资理念是否与其投资组合吻合。了解基金经理的投资理念后，投资者可以大致判断新基金的投资方向，可以对未来的风险、收益有一定的了解。

四看基金费用水平。新基金费用水平通常比老基金高。许多基金公司会随着基金资产规模增长而逐渐降低费用。投资人可以将基金公司旗下老基金的费用水平和同类基金进行比较，同时观察该基金公司以往是否随着基金资产规模的增加逐渐降低费用。当然也不是越低越好，投资者应把握一个合适的度。

五看基金公司是否重视投资人利益。投资者给基金公司钱，基金公司在一定程度上承担着为客户保值增值的责任。有的基金管理公司会将自有资金投入自己管理的某只基金，这说明基金管理人对该基金有信心，投资者就可比较放心的购买。

（3）货比三家择优选择

第一，观察基金是否有实质性的产品创新。看基金产品是否符合金融市场的发展趋势，是否具有新的风险收益特征。实质性的产品创新并不多见，例如中短期债券基金由于成功抓住了中短期债券市场收益性看好而风险较小的特点因而大受欢迎。

第二，基金在投资理念上是否适应市场现状和趋势。中国的股市基本上是一波一波的行情。在中国股市投资获利者，主要是趋势投资者。在恰当的时机实现理念创新可能收到很好的效果，而这取决于新发基金公司对市场的判断。

第三，掌握适度的时机购买。若基金为开放式的，选择合适的基金后，在基金价格波动时，应趁机在基金较低时买入基金。等到市场行情高涨，基金净值上涨后，果断地卖出，就可以获取基金投资收益。

（4）用货币基金做现金管理

货币基金收益稳定，天天计息，一般不会出现亏损，而且支取方便，没有申购赎回费用，被誉为"现金管家"。在利率市场化的大背景下，我们把暂时不用的闲钱放在货币基金中非常划算，不仅支取方便，而且还可以享受到相当于定期存款的利息。如果用货币基金转换为同一家公司的其他类型基金，一般还可以享受到转换费率的优惠。

目前，我国很多货币基金已经推出网上交易服务，投资者通过在货币基金网上购买的货币基金，在不超过一定额度内，可以做到 7 天 24 小时实时赎回到账。一些货币基金还开通了定期定额赎回功能。只需签约一次，投资者不仅可享受货币基金收益，同时还可在每月约定时间赎回货币基金还款，做到结余资金资源充分利用。

　　目前，我国互联网金融发展迅速，很多网络公司推出了所谓的现金管理业务，比如，阿里的"余额宝"。这种网络公司的理财业务其实就是将大众零散的资金汇集起来，投资于货币基金。比如"余额宝"就是投资于天鸿基金的货币基金，其理财的收益和风险等都与个人投资货币基金完全一样。如果你的资金比较小，而且经常网上购物，就可选择这种理财方式。如果，你的资金比较大，就应该自己去投资于货币基金。

7.7 基金投资注意事项

　　第一，正确认识基金的风险，购买适合自己风险承受能力的基金品种。现在发行的基金多是开放式的股票型基金，它是现今我国基金业风险最高的基金品种。部分投资者认为，基金是通过各大银行发行的，所以，绝对不会有风险。其实，银行只是基金的销售渠道，它赚取销售费用，但不承担基金投资的损失和风险。如果你没有足够的承担风险的能力，就应购买偏债型或债券型基金，甚至是货币市场基金。

　　第二，选择基金不能贪便宜。有很多投资者在购买基金时会去选择价格较低的基金，这是一种错误的选择。例如：A 基金和 B 基金同时成立并运作，一年以后，A 基金单位净值达到了 2.00 元/份，而 B 基金单位净值却只有 1.20 元/份，按此收益率，再过一年，A 基金单位净值将达到 4.00 元/份，可 B 基金单位净值只能是 1.44 元/份。如果你在第一年时贪便宜买了 B 基金，收益就会比购买 A 基金少很多。所以，在购买基金时，一定要看基金的收益率，而不是看价格的高低。

　　第三，新基金不一定是最好的。在国外成熟的基金市场中，新发行的基金必须有自己的特点，要不然很难吸引投资者的眼球。可我国不少投资者只购买新发基金，以为只有新发基金是以 1 元面值发行的，是最便宜的。其实，从现实角度看，除了一些具有鲜明特点的新基金之外，老基金比新基金更具有优势。

第四，分红次数多的并不一定是好基金。有的基金为了迎合投资人快速赚钱的心理，封闭期一过，就马上分红，实际没有任何意义。因为，你只要赎回基金，收益就全归你了。如果基金好，不分红会更好，可以实现利滚利。投资大师巴菲特管理的基金一般是不分红的，他认为自己的投资能力要在其他投资者之上，钱放到他的手里增值的速度更快。所以，投资者在进行基金选择时一定要看净值增长率，而不是分红多少。

第五，不要只盯着开放式基金，也要关注封闭式基金。开放式与封闭式是基金的两种不同形式，在运作中各有所长。开放式可以按净值随时赎回，但封闭式由于没有赎回压力，使其资金利用效率远高于开放式。所以，从长期来看，封闭基金的净值增长率一般高于开放式基金。同时，封闭基金在市场上交易存在折价率，有一定的安全边际。如果你选对品种，选好时机，投资封闭式基金的收益会高于开放式基金。

第六，基金交易要选在证券市场交易时间。基金的投资时间是证券市场交易时间，从每个工作日的早上 9：30 到下午 3：00。基金申购或赎回应在这段时间内进行，否则就会按下一个交易日计算，相当于第二个交易日的操作。为保护已经投资基金的投资者利益，货币基金和一些债券基金会在国庆、春节等长假前停止申购。如果你要享有节日期间的收益，最好提前两天申购。

第七，投资于基金要放长线。购买基金就是承认专家理财要胜过自己，就不要像股票一样去炒作基金，甚至赚个差价就赎回，我们要相信基金经理对市场的判断能力。如果选中了一只基金，就应该比较长的时间内持有。例如：华夏基金旗下的华夏大盘基金，经历了我国股票市场的多次牛熊的交替，依然保持很高的增长率，为长期投资于它的投资者带来了丰厚的回报。购买基金一定要牢记，长线是金。

第 8 章 保险理财——看起来很美

随着保险市场的不断繁荣，理财型保险产品走进了百姓理财的视野。理财保险是兼具保险保障与投资理财双重功能的保险。与传统的人寿保险产品相比，投资理财保险产品最大的特点是既具有保障功能又有投资理财功能。投资理财保险有固定的保障作为保险保障，但其却没有固定的预定利率，客户的投资收益具有不确定性，既可能获得高额的投资回报也需承担一定的风险。选择保险理财不仅要看收益，更要看保障。

8.1 保险的基础知识

所谓保险，是指投保人与保险公司签订保险合同，保险公司通过收取保费的形式建立保险基金，用于补偿因自然灾害或意外事故所造成的经济损失，或在人身保险事故发生时，或达到人身保险合同约定的年龄、期限时，承担给付保险金责任的一种经济补偿制度。作为以保障功能为本质的保险产品，个人投资者可以用它们以应对各种风险，保障财产安全，因此保险无疑是投资者最主要的保障性投资渠道。

通俗来讲，保险就是通过把个体联合起来，将个体风险分散到全社会范围内的一种经济方法。现代意义上的保险，最初产生于海上运输的需要。远在公元前 2000 年，航行在地中海的商人在遇海难时，为避免船只和货物同归于尽，便往往抛弃一部分货物，损失由各方分摊，形成"一人为大家，大家为一人"的共同海损分摊原则，成为海上保险的萌芽。"人人为我，我为人人"正是对这种经济互助关系的阐释。

保险中涉及多个主体和客体，具体如下：

（1）保险主体

包括投保人与保险人，被保险人、受益人、保单所有人，除非与投保人是同一人，否则，都不是保险主体。

投保人是指与保险人订立保险合同，并按照保险合同负有支付保险费义务的人，投保人可以是自然人或者法人。

保险人，又称承包人，是指与投保人订立保险合同，并承担赔偿或者给付保险金责任的保险公司。保险人是法人，公民个人不能作为保险人。

被保险人，是指根据保险合同，其财产利益或人身受保险合同保障，在保险事故发生后，享有保险金请求权的人。投保人往往同时就是被保险人。

受益人，是指人身保险合同中由被保险人或者投保人指定的享有保险金请求权的人，投保人、被保险人可以为受益人。如果投保人或被保险人未指定受益人，则他的法定继承人即为受益人。

保单所有人，拥有保险利益所有权的人，很多时候是投保人、受益人，也可以是保单受让人。

（2）保险客体

即保险合同的客体，并非保险标的本身，而是投保人或被保险人对保险标的可保利益。

可保利益，是投保人或被保险人对保险标的所具有的法律上承认的利益。这主要是因为保险合同保障的不是保险标的本身的安全，而是保险标的受损后投保人或被保险人、收益人的经济利益。保险标的只是可保利益的载体。

保险内容，即是保险合同的内容。保险合同的内容是保险合同当事人双方依法约定的权利和义务，通常以条文形式表现。保险内容包括保险合同的主要条款、保险合同的特约条款和保险合同条款解释。

8.2 保险的分类

保险按照大类可以分为商业保险和社会保险，以保险标的分类可分为人身保险、责任保险、财产保险等。市面上的保险有很多，百姓常见的商业保险有如下几类：

（1）人寿保险

人寿保险是人身保险的一种，而且是主要类别，它是一般家庭重点考虑的保险种类，投保人寿保险是一种对未知风险的保障，当受到突如其来的损害时，人寿保险可以给予投保人本人或其家庭一些经济上的补偿，减轻其经济上的压力。另外，人寿保险也可以当做是一种储蓄和投资工具，在保险有效期内，除了能得到保险金额外，还能够获得其他报酬。

（2）意外伤害保险

意外伤害，顾名思义是指遭受外来的、突发的、非疾病的、非本意的使身体受到伤害的客观事件。在保险期内，如果遭遇死亡、永久性伤残、暂时丧失劳动能力或支出医疗费用的情况，可通过意外伤害保险获得保障。意外伤害保险只是针对短期性质的安全风险提供了保障，保费比较低廉，而且过期没出事的话保险就自然失效了，因此，意外伤害保险最好和人寿保险搭配投保。

（3）家庭财产保险

承担因自然灾害或意外事故而引起的对家庭或个人所有财产的损害的保险称为家庭财产保险，主要包括房屋保险（包括房屋本身及内部附属设备，如供电设备、暖气、厨房所有配套设备等）、普通家庭财产保险（如家具、家电、艺术品和古玩等）以及机动车辆保险（如电车、汽车、电动车、拖拉机、摩托车、各种专用机械车和特种车辆等）。

（4）理财类保险

指兼具保险和投资理财双重功能的险种。目前中国市场理财保险主要有三类：分红险、万能险、投连险。分红型保险是指保险公司将其实际经营成果超出定价假设的盈余部分按一定比例向保险持有人进行分配的人寿保险新产品，类似于股票分红；投连险是人寿保险与投资的结合，它的保险内容至少要包括一项保险责任；万能保险与投连险有相似之处，但它有最低保底收益，而且它的投资风险对于投连险来说相对稳健。

8.3 理财类保险的特点

与其他投资形式相比，理财类保险兼顾保障和投资两个特点，总结起来如下：

（1）保障财务安全及家庭生活

个人或家庭遭遇的财务危机既有外因，又有内因。经济大环境的变动是导致个人家庭财务状况面临危险的外因，如全球性金融危机，一般来说，遭遇了就只能积极应对，却无法避免。而个人生活中存在的种种不确定因素所可能带来的危险则是内因，一般可以投保相应的保险，把损失转嫁给保险公司。

保险还可以看作是一种强制性的储蓄手段，让投保人为将来储存一笔较大积蓄，长久保障保单受益人。如子女教育保险能够提供成才保险金，可以提前为子女上大学准备充裕的资金；能够提供就业保险金，可以使子女初入社会，获得资金支持；能够提供安家金，可以使子女获得足够的资金为结婚成家做准备。子女保险金还具有一项非常重要的功能——豁免保费，一旦父母遭遇不幸，可以不再交费而仍保持保单有效。

（2）兼顾安全性与收益性

保险除了最为本质的保障功能外，还兼顾了保险投资的收益性，如分红寿险、万能寿险和投资连接保险，不仅仅对被保险人提供保障，还具有资产增值功能。其中，投资连接保险能兼顾各种投资风险及收益偏好，客户可以根据个人喜好来选择并调整投资账户。投资型保险在确保保障性的基础上，还具有相当可观的收益性。

（3）节税和保全财产

保险产品具有较好的节税和保全财产的功能。首先，养老保险金、失业保险金和医疗保险金等都是免征所得税的；第二，分红保险所分配的现金分红也是免税的；第三，企业为员工支付的保险费不仅可以税前列支，而且员工在未来领取保险金时也不用上交个人所得税；第四，由于保单是不能被冻结或拍卖的，即使投资者由于资不抵债而申请破产，其保单也不会进入资产抵债程序，因此保险具有保全财产的功能。

（4）融资功能

保险投资除了能够提供保障和收益以外，还可以在紧急情况下及时提供流动性。首先，我国保险法明文规定了保险的"现金价值不丧失"性质，即使已经与保险公司签订了合同，投保人仍然有权力中止合同并获得保费的退回。此外，一般的保险合同还允许投保人以退保金的90%申请保单质押贷款。当投保人急需资金周转时，可以利用这种贷款来获得及时的流动性。但是，投资者需要注意在利用保单质押贷款时贷款的本金和利息不能超过保单的现金价值，否则保单将会永久失去效力。

（5）应付重大风险

最后，与其他投资方式相比，保险在应付如死亡、伤残和重大疾病等重大风险上更具优势。一方面，一些消费型保险如定期寿险、财产保险和重大疾病保险等，投资者只需要支付少量的保费，一旦发生保险事故，其经济回报率非常高，远远超过所缴保费的保险赔付，甚至远高于收益性投资工具如股票债券等。另一方面，储蓄性保险具有强制性的储蓄功能，能确保在重大风险发生时及时提供保障赔付，虽然其他投资方式如储蓄和股票也能够在重大风险发生时提供部分经济保障，但这些投资具有很大的不确定性，容易被投资者挪作他用、随意花掉或者招致投资亏损等。

8.4 保险理财的创新和发展

目前的理财类保险产品市场，以分红险和万能险为主，因为预定利率没有放开，所以产品的保证收益远低于定期存款利率，对客户没有吸引力。下一步理财类保险产品的发展，既会积极回归保障功能，突显保险的本质功用，以利差为盈利来源；又会在利率市场化的背景下，凭借险资投资渠道放宽的东风，提高理财功能。

偏重理财功能的资金型业务产品可能会呈现出资产驱动和简易标准化的趋势。所谓资产驱动，就是保险公司先挑选合适的资产或资产组合，得到相对明确的预期收益水平，然后定向设计出保险产品，按所需的资金规模确定销量，迅速展开销售，获取到的保费投向预先挑选好的资产或资产组合。所谓简易标准化，就是去除不必要的专业术语和条款，将产品形态和操作方式向消费者已经熟悉的银行理财产品靠拢。标准化产品条款，使客户很容易了解并比较产品的关键信息；简化业务操作和手续，使投保、部分领取和退保、满期给付等都可以通过自助服务实现。

这种发展趋势对于客户、保险公司和资金需求方都有益处。对于客户而言，既能获得类似银行理财产品的收益水平，又可以通过部分领取、退保、保单贷款等方式而享有理财产品所不具备的流动性，还会得到产品所含的保险保障。对于保险公司而言，随着险资运用渠道的放宽，资产收益水平会有所提升，只要做好资产负债的匹配和风险管理，推出的这种顺应利率市场化的产品，将会有较强的竞争力，能够带动公司业务规模的快速增长，进而通过利差提高盈利水平。对于资金需求方而言，其融资手段和渠道进一步丰富，且保险资金的期限较长，成本相对较低，更适合一些中长期的融资需求。

8.5 理财保险投资渠道

购买保险的一般流程是：选择一家优秀的保险公司、找到一名代理人、根据自身情况与代理人一对一进行沟通，使代理人掌握具体和详细情况，选择适合自己的保障计划，签订投保书。但在具体进行流程时，有9个要素是需要注意的：

（1）如实告知个人真实状况

为了能使保险合同真正起到保险保障的作用，在投保单上，如果有既往病史或现在身体状况有异常，一定要如实告知。

（2）了解保险责任和除外责任

保险合同拿到后，了解保单的保险责任和除外责任是我们必须而且着重要做的，前者是指自己真正享受到的具体利益，后者是指自己所不能享受到的利益。

（3）明确保险指定受益人

当主观上受益人对象明确时，一定要在保单上指定受益人；当暂时不确定受益人时，可以暂时不指定，则默认为法定。

（4）须投保人亲自签名

应该本人签名的地方，一定要本人亲自签，否则无效。

【案例】王女士为其丈夫购买了一份定期寿险，由于签保单前丈夫不在国内，于是王女士就替丈夫代签了字；两年后，王女士的丈夫不幸病逝，悲痛之余王女士突然想起曾为爱人买过寿险，于是向保险公司理赔。保险公司对比签名笔迹后发现被保险人签名并非本人所签，而是王女士代签，由此拒赔。王女士万分震惊，本认为代签是可以的，却无意中让自己蒙受了经济上和精神上的损失。

（5）不可忽视犹豫期

犹豫期是拿到合同的 10 天内，可以选择退保，如果这个期限内选择退保，保险公司会全额退还首年保费，但是有些公司可能会收取 10 元的工本费。

（6）量体裁衣，依据自身需求投保

办理保险切忌盲目跟风，要结合自身家庭实际情况，考虑供车、供房、男女主人的年净收入和职业环境、子女教育、婚嫁、日常开销、目前资金分配比例、双方父母等因素，再做个性化保险保障规划。

（7）清楚保险公司的信誉、实力和投资渠道

保险是一种区别于基金股票和银行存款的理财方式，高效、长久、稳定的投资回报来源于优秀的投资团队以及良好的投资渠道，基于这些条件，投资者的利益自然就会水涨船高，保险业就会更加保险。

表 8—1 保险产品的特征与投资技巧

保险类型	保险产品	特征	投资技巧
保障型保险	意外伤害保险	针对意外事故	只保障保险人自身之外原因
		保费低廉	只保障突发的伤害
		适合年轻人	只保障非本意的伤害
	定期寿险	保费低廉	可续保条款
		适合收入较低人群	可转换条款
	重大疾病保险	针对特定重大疾病	因时制宜，选择合适的险种
		保费较高	选择合适的保障范围、保障额度、缴费期限和方式
		首选健康险险种	
	财产保险	针对火灾、自然灾害等财产损失	原值投保家财险
			注意投保人义务
		保费低廉	细读保险条款
储蓄型保险	终身寿险	针对意外事故	只保障保险人自身之外原因
		储蓄功能强	选择合适的保险金额
		保费较高	选择合适的缴费期限
	两全保险	生死保险	适当增加附加险
		储蓄性	选择合适的返还频率和额度
		返还性	选合适的缴费时期和年保费
	年金保险	生存保险	灵活选取缴费期限
		储蓄功能强	适当增加领取金额
		保障养老	灵活选择领取方式

续表

保险类型	保险产品	特征	投资技巧
投资型保险	分红保险	分享经营成果	选择合适的分红保险
		具有最低收益保障	分红保险不一定有分红
		适合收入稳定人群	分红保险变现能力较差
	万能寿险	可调整保额和保费	适合长期投资
		分为保障和投资账户	投资账户资金不等于缴纳保费
	投资连结保险	投资功能最强	选择合适的保险公司
		适合长线投资	合理设置投资账户
		多账户转换	投资连结保险适合中长期投资

（8）选择高专业水平和职业道德素质的保险服务人员

选择专业的业务员，他会为投资者推荐更适合的保险组合，而且专业的业务员一般不会频繁更换工作，这样客户才能得到一个比较长期而有序的服务，自己的保单不至于变成孤儿保单。

（9）关注保险公司的品牌价值和偿付能力

偿付能力是理赔服务必需的坚实后盾，在我国，2 亿元人民币就可以注册一家保险公司，但并不是所有的保险公司都可以应对大的状况，如汶川地震中国人寿赔付额预估是 2.19 亿元，如果小的保险公司遇到这样的状况，其后果可想而知。

8.6 理财保险投保策略

投资者需要结合个人的资金情况和风险偏好，慎重选择合适的保险产品以及采取恰当的投资策略，下表总结了一些常见保险产品的特征以及相应的投资技巧。

8.6.1 分红保险

分红保险的投资收益并不确定，如果保险公司经营状况不好，投资收益率可能会低于银行存款利率，因此投资者需要注意以下三点：

第一，选择合适的分红保险。分红保险可以分为投资和保障两类，投资型分红险的保障功能相对较弱，多数只提供人身死亡或者全残保障；保障型分红险侧重给予投保人提供灾害保障，分红只是附带功能，侧重保障需求的家庭可选择一些保险期较长、保障功能较强的保障型分红险产品。

第二，分红保险不一定有分红。分红险的红利主要来源于死差、费差和投资带来的利差，尽管保监会规定，分红保险的分红不得少于可分配利润的 70%，但这并不意味着分红保险就一定保证得到分红，如果保险公司经营不善，可分配利润以及分红均可能为零。

第三，分红保险变现能力较差。不是所有投资者都适合买分红险，收入不稳定或者短期内有大笔开支的家庭应慎购分红险，如果中途退保，投保人员只能按保单的现金价值返还，且还要再加上一笔不小的费用支出，可能会损失部分本金。

8.6.2 万能寿险

万能寿险有很强的投资功能，一般具有保底收益，投保人可根据不同时期的保障需求和理财目标，调整保费大小和保障额度，投资者需要注意以下两点：

第一，适合长期投资。由于前期费用较高，在投资最初的几年内，实际收益可能不高。此外，在股市走低及利率下调的市场环境下，万能寿险将会面临着较大的投资收益率走低风险。其次，万能寿险主要提供长期性的身故保障和全残保障，短期的意外伤害、重大疾病等通常都不在保障范围内，因此万能寿险适合长期投资者。

第二，投资账户的资金不等于缴纳保费。投保人所缴保费首先要扣除初始费用，在支付公司运营成本后才能进入投资账户，一般第一年初始费用约占所缴保费的一半，之后逐年下降。此外，投资者还需要支付保单管理费、账户管理费、附加险保险费等，除去这些费用后剩下的资金才是真正实际用于投资的资金，因此，投资账户资金会低于所交的保费，实际投资收益一般也会低于投资者的预期。

8.6.3 投资连结保险

投连险是投资型保险中投资功能最强、风险最高的险种，其投资技巧有三：

第一，注意投资账户的转换。投资账户一般分为成长型、避险型和稳健型三种，表现为偏股型、偏债型和偏基金型，投资者需要按照市场状况调整账户之间的分配比例，以提高收益，在股票市场繁荣时增加偏股型的资金，在股票市场低迷时则增加偏债型账户的资金。

第二，注意收费情况。投资者还需要注意在不同投资账户间转移资金是否会收取费用，虽然保险公司一般没有明确说明要收取账户转换费用，但要防范一些隐性费用，部分保险公司会在账户转换时根据买卖差价收取一定费用，这实际上就相当于账户转换的费用。

第三，越早购买投连险越好。投连险的保费金额是根据生命周期表中的不同年龄的死亡率来计算的，这意味着随着被保险人年龄的增加，所交保费将会不断提高。到 65 岁以后，保费甚至会有一个跳跃性的增长。因此，年轻时购买投连险更为划算。

8.7 购买保险注意事项

随着保险的逐步普及，购买保险的人越来越多，多数人不能理性面对保险推销下的诱惑。在保险推销人员以投资收益率、停售、保障等概念宣传下，往往头脑一发热就没了主见，盲目地买了保险。这并不是说保险本身有什么问题，而是在一些人为的有意识的引导推销因素和一轮轮抢购的泡沫中，有可能最终会损害到投保人的利益，比如，保险保障不到位、不愿继续拥有引起的退保损失等。为了让投保人能够绕开保险公司的推销陷阱，在此例举一些保险公司常用的炒作手法。

夸大收益率是常用的手法之一。保险推销人员往往会在收益上大做文章。在口头上承诺具有高收益率，却并不写进具体合同或合同上并无相对应的条款；某些收益其实只是假设的收益，存在很大的不确定性，但是营销员会说成是实际收益；避而不谈万能险、投连险的手续费，他们只是告诉你收益率有多高，实际偏差往往很大。很多消费者就是在这样的诱导下而盲目地买了保险，事后则后悔不已，从而引起矛盾纠纷。

限制销售也是保险公司经常推出的促销策略之一。保险公司往往摆出惜售的姿态，从而促进销售，拉升业绩。其限制方式有很多，大致可分为地域限制、时间限制、额度限制等。保险公司通常会用两年返还、即缴即领等新鲜概念使消费者感觉到自己占了大便宜，不买就卖没了的感觉，从而产生误导。

炒作"停售"长期寿险的利率与银行利率挂钩。购买保险的保费会随着银行利率的下调而增加，这使得很多人觉得停售的保险是好险种，其实这种理解本身是没有问题的，但是保险公司往往会利用人们的这种心理，使用停售的概念，屡试不爽。尤其是年底的时候，为了冲业绩，有些保险公司会提前把停售的消息"散布"出去。也许会从某些保险推销人员口中可以听到"快买保险吧，要停售了，很合算的"这样的消息，结果大半年过去了，依然没有停售。

保险公司有时会借用一般消费品的促销方式，如送保险、提供额外服务等。要认清的是，很多时候这种促销其实是暗藏玄机的，比如某保险公司以买一送一的手法销售一款连结险，送的那款保险实际上只是免掉了首年的保费，如果想要使保险继续有效，从第 2 年起就必须缴纳保费。

保险推销人员推销保险时就是在利用人们贪便宜的心理，利用种种推销方法达到其完成销售、拉升业绩的目的。为了避免掉入销售的温柔陷阱中，投保者应该从自己的保险需求出发。比如社会养老保险、医疗交费保险较少，那就应该选择投保养老险和医疗险作为补充，但是很多盲目跟风的人就可能会听信保险公司的推销介绍，而选择分红等投资型保险，这就偏离了保险的本意。要根据自身的需要判断保险的好坏，切忌盲目跟风，因为每个人的实际情况不同，保险需求也就不同。

第三篇　利率市场化下的投资策略

第9章 债券投资——水涨未必会船高

华尔街有句俗语叫"穷人炒股，富人持债"。由于债券发行时就约定了到期后可以支付本金和利息，故其收益稳定、安全性高。特别是对于国债来说，其本金及利息的给付是由政府作担保的，是具有较高安全性的一种投资方式。投资于债券，投资者一方面可以获得稳定的、高于银行存款的利息收入，另一方面可以利用债券价格的变动，买卖债券，赚取价差。随着利率的升降，投资者如果能适时地买进卖出，就可获取丰厚收益。

9.1 债券的基础知识

（1）什么是债券

通俗地讲，债券是由"债"和"券"两个方面构成。"债"就是欠别人的钱，"券"就是借钱人向居民和机构出具的借钱的借据，这种借据是"可以转让的凭证"。说可以转让是因为这种借据是合法的、正式的借条，时写明了借款人、借款数量、借款日期、还款日期、还款数量、计息规则等基本要素的合规借据。债券代表的是一种债权债务关系，是一种信用合同和投资证书。

具体来讲，债券包含了以下 4 层含义：

——债券的发行人（政府、金融机构、企业等机构）是资金的借入者；

——购买债券的投资者是资金的借出者；

——发行人（借入者）需要在一定时期还本付息；

——债券是债的证明书，具有法律效力。债券购买者与发行者之间是一种债权债务关系，债券发行人即债务人，投资者（或债券持有人）即债权人。

（2）债券的构成要素

——谁来发行（债券的发行人）：是指发行债券筹集资金的企业，也称借款人。.

——借多少（债券发行总额）：是指该债券本次发行的总金额，也就是借款人计划募集的资金总额。

——给多少好处（票面利率）：是指债券利息与债券面值的比率，主要受到银行利率、偿还期限、发行者的资信和利息计算方法以及当时市场上资金供求状况的影响。例如一只债券面值100，每年支付5元的利息，那么该债券的票面利率就是5%。

——什么时候偿还（债券的期限）：是指债券发行日至到期日之间的时间间隔，受公司自身资金周转状况及外部资本市场的各种因素影响。

上述要素是债券票面的基本要素，但在发行时并不一定全部在票面印制出来，例如，在很多情况下，债券发行者是以公告或条例形式向社会公布债券的期限和利率。

（3）债券的发展历史

债券的历史比股票要悠久，其中最早的债券形式就是在奴隶制时代产生的公债券。据文献记载，希腊和罗马在公元前4世纪就开始出现国家向商人、高利贷者和寺院借债的情况。进入封建社会之后，公债就得到进一步的发展，许多封建主、帝王和共和国每当遇到财政困难、特别是发生战争时便发行公债。19世纪末到20世纪，欧美资本主义各国相继进入垄断阶段，为确保原料来源和产品市场，建立和巩固殖民统治，加速资本的积聚和集中，股份公司发行大量的公司债，并不断创造出新的债券种类，这样就组建形成了今天多品种、多样化的债券体系。我国债券流通市场从1981年国家恢复发行国债开始起步，历经20多年的发展，经历了实物券柜台市场、上海证券交易所为代表的场内债券市场和银行间债券市场为代表的场外债券市场三个主要阶段的发展过程。

（4）什么样的人适合投资债券

华尔街有句俗语"穷人炒股，富人持债"，这句话说明了股市的风险大，债市相对稳定。如果你的风险偏好程度不够大，就应该采取相对保守的投资策略。这时债券就比较适合你，因为相对股票来讲债券的投资风险显然会小一些。国债属于稳健型投资品种，收益率略高于银行存款，风险水平很低。因此风险偏好程度较低的稳健型投资者，特别是一些中老年人，可以适当关注增加债券的持有比例，以完善投资组合。

9.2 债券的特点

（1）偿还性

债券和股票最大的不同就是债券到期还本付息，而股票理论上没有期限，永不退股，未来的收益也不确定。债券是由有借有还的债权债务关系，所以，债券的第一个特点就是偿还性。债券投资者一开始就有明确的预期。

（2）流动性

债券持有人在二级市场转让债券不会在价值上有很大损失。现在债券市场日益发达，人们可以方便的买卖债券。尤其是电子网络的发展，人们可以足不出户，只要连接了互联网就可以完成所有的交易，投资者可以在需要资金的视乎随时卖出债券。

（3）安全性

债券发行者一般是政府、信誉良好的公司或银行，因此安全性高。一般来说，国债的发行由国家信用做保证，安全性基本没有问题。企业债券和公司债券的发行人都是经过严格筛选的大中型国有或国有控股企业、上市公司、大型民营企业等实力雄厚的企业，同时根据债券的发行金额提供了足额的担保。人们也可以根据发行人的信用，财务状况及抵押状况清楚的做出自己的选择。相比股票等风险资产，债券的安全性是非常高的。

表 9-1　债券与其他理财产品的比较

	基金	股票	债券
投资者地位不同	持有人是基金的受益人，体现的是信托关系	持有人是公司的股东，有权直接或间接参与公司决策	持有人是债券发行人的债权人，向后到期还本付息的权利
风险程度不同	组合投资，专业人士管理，分散风险，其风险小于股票	风险因素众多，三者之中风险最高	收益相对稳定，本金可以得到保证，三者之中风险最低
收益情况不同	收益情况不确定，一般来说其收益状况优于债券而次于股票	收益不确定，其受益的波动程度为三者之最	收益确定
投资方式不同	投资者委托专业人士管理	直接投资	直接投资
价值取向不同	主要取决于基金资产净值	受宏观经济状况、上市公司业绩、股票供求状况等多种因素影响	主要受利率影响
投资期限不同	封闭式基金有一定的期限，期满后投资者可按持有的份额份的相应的剩余资产开放式基金一般没有期限，投资者可以随时向基金管理人要求赎回	无期限，除非公司破产，进入清算，否则投资者不得从公司收回投资。但可以随时在证券市场上按市场价格变现	事先约定的投资期限，期满后收回本金

（4）收益性

债权的收益性高于银行存款，例如 2012 年 6 月，5 年期的存款利率为 4%，而 5 年期的国债票面利率大约为 5.3%，5 年期企业债券的票面利率 为 7%左右，并且债券的收益是相对稳定的，如果是浮动利率债券，还可 以根据市场利率调整债券利率，有效的抵御通货膨胀带来的货币贬值。

正是由于以上 4 个特点，人们又把债券叫做固定收益债券，尤其是把政府 发行的债券叫做"金边债券"。当然，债券的上述 4 个特点之间也存在着一定 的转换关系，不可能同时具备以上 4 个特点，比如具有高流动性、高安全性的 债券，由于人们对其需求增加，其价格必然上升，收益则会相对下降。

9.3 债券的分类

9.3.1 国债

我国自 1981 年恢复发行国债，迄今已有 30 多年的历史。老百姓选择 债券投资最早是从国债投资开始的，因其信用良好，至今仍然是老百姓投 资债券的重要选择。目前，我国老百姓购买的国债主要是凭证式国债和记 账式国债。

（1）凭证式国债

凭证式国债是一种国家储蓄债，可记名、挂失，以"凭证式国债收款 凭证"记录债权，可提前兑付，不能上市流通。凭证式国债的特点是安 全，方便，收益适中。具体来说，凭证式国债发售网点多，购买和兑付方 便，手续简便；可以记名挂失，持有的安全性好；国债利率比同期的银行 存款利率高 0.5%左右，例如 2011 年 3 月初发行的凭证式国债，1 年期利 率是 3.45%，比 1 年 3%的存款利率高出 0.45%；虽不能上市交易，但投 资者可随时到原购买点兑付现金。正是由于以上这些特点，凭证式国债特 别适合缺乏专业理财知识、追求稳健投资收益的工薪阶层和中老年人购买。

【案例】我国财政部 2010 年发行的凭证式国债（一期）。2010 年凭证式国债（一期）发行总额 500 亿元，该期国债从购买之日起开始计息，到期一次还本付息，不计复利，逾期兑付不加计利息。其中 1 年期 250 亿元，票面年利率 2.60%（同期存款利率 2.25%，利差 0.35%）；3 年期 250 亿元，票面年利率 3.73%（同期存款利率 3.33%，利差 0.4%）。

（2）电子式储蓄国债

与传统的凭证式国债不同，我国从 2006 年开始发售电子式储蓄国债。电子式储蓄国债是指财政部在中华人民共和国境内发行，通过试点商业银行面向个人投资者销售的、以电子方式记录债权的人民币债券。只要是我国公民，在银行开设债券账户、资金账户后即可购买电子式储蓄账户，但是开户必须用实名制，不能找他人代办，一个姓名也只能开办一个国债账户。每个账户最低购买额为 100 元，并以 100 元的整数倍累加，但是最高购买上限为 100 万元，以确保中小投资者的投资机会公平。

（3）记账式国债

记账式国债又称无纸化国债。它以记账形式记录债权，即将投资者持有的国债登记于投资者在国债登记机构中开设的证券账户中，投资者仅取得收据或对账单以证实其所有权，而且可以记名可挂失。由于记账式国债以无纸化形式发行和交易，既可以防止证券的遗失、被窃和伪造，又可以降低证券的发行成本，所以效率高，安全性好。目前，记账式国债在工商银行、农业银行、中国银行和建设银行 4 家试点的商业银行柜台和证券营业部购买。

9.3.2 企业债券

（1）企业债券

在国外，没有企业债和公司债的划分，统称为公司债。在我国，企业债券是按照《企业债券管理条例》规定发行与交易、由国家发展与改革委员会监督管理的债券。我国的企业债券实际上属于政府债券，主要是一些国有企业发行，受到政府的严格控制。

【案例】08 长兴债是 2008 年长兴县交通建设投资公司发行的企业债券，信用评级是 AA，面额 100 元，期限 7 年，票面利率 8.13%，每年付息一次，兑付日是 2010 年至 2016 年每年的 1 月 6 日（节假日顺延）。长兴债的票面利率高达 8.13%，若在发行期间以面值 100 元购入，上市首日即 2009 年 2 月 16 日开盘价 103.79 元，到 2009 年其价格冲到最高点 111.28 元，从其 1 年多的价格走势来看，波动幅度还是非常大的。2009 年 12 月 23 日，价格跌到了 101.5 元，2010 年 8 月 27 日，其价格又回升到了 110.29 元，这还不算持有期间的利息收益，这样的波动为投资者进行波段操作提供了许多良机。

（2）公司债券

公司债券是由股份有限公司或有限责任公司发行的债券。它的发行主体比企业债券要宽泛的多。与此对应，公司债券的信用级别也相差甚多，各家公司的发债价格也有着明显差异。

【案例】2008 年北京北辰实业股份有限公司债券，其信用评级为 AA，债券期限为 5 年，票面利率是 8.2%，每年付息一次，首次发行价格为 100 元，兑付日是存续期内每年的 7 月 18 日。假如你在 2008 年 7 月 18 日发行的时候按照面值 100 购买了 08 北辰债，这只债券发行后在交易所交易。如果投资者买入长期持有，那么你每年 7 月 18 日就会得到每 100 元面额 8.2 元的税前利息收入，而 5 年后本息全部偿还。如果做短期交易，那就看你多少价格买，多少价格卖了。你的盈利来自于差价。

（3）可转债

全称为可转换公司债券，就是指在一定条件下可以被转换成公司股票的债券。可转债具有债权和期权的双重属性，其持有人可以选择持有债券到期，获取公司还本付息；也可以选择在约定的时间内转换成股票，享受股利分配或资本增值。当可转债失去转换意义，就作为一种低息债券，它依然有固定的利息收入。如果实现转换，投资者则会获得出售普通股的收入或获得股息收入。

（4）金融债券

金融债券是银行和非银行金融机构为筹集资金而发行的债权债务凭证，发行主体包括中央银行、商业银行、政策性银行、证券公司、保险公司等金融机构。其中，中央银行票据（Central Bank Bill）是中央银行为调节商业银行超额准备金而向商业银行发行的短期债务凭证，其实质是中央银行债券，之所以叫"中央银行票据"，是为了突出其短期性特点（从已发行的央行票据来看，期限最短的3个月，最长的也只有3年）。

（5）中小企业私募债

中小企业私募债是我国中小微企业在境内市场以非公开方式发行的，约定在一定期限还本付息的企业债券，其发行人是非上市中小微企业，发行方式为面向特定对象的私募发行。2012年5月，证监会发布了《中小企业私募债券业务试点办法》，中小企业私募债市场登上资本舞台。根据规定，私募债券由证券公司承销，资者合计不超过200人。发行利率不得超过同期银行贷款基准利率的3倍。合格投资者可通过上交所固定收益证券综合电子平台、深交所综合协议交易平台或证券公司进行私募债券转让。

9.4 债券收益的影响因素

债券的投资收益主要有两部分组成：一部分是来自债券的固定利息收入，另一部分是来自市场买卖中赚取的价差。这两部分收入中，利息收入一般是固定的，而买卖价差则受到市场较大的影响。影响债券投资收益的主要因素有市场利率、宏观经济形势、债券的供求关系、股票市场的状况、债券的投资成本等。

（1）市场利率。市场利率与债券价格呈反比关系。市场利率是由存贷款利率和通货膨胀等因素共同决定的。当市场利率上升时，人们倾向于抛旧债买新债，从而打压债券价格，使债券的收益率上升。同样的道理，当市场利率降低时，债券价格就会升高，使债券的收益率降低。

（2）宏观经济走势。影响债券价格和收益率最直接的两个因素是市场利率和债券的信用等级，而导致市场利率和债券的信用等级发生变化的原因是宏观经济形势的变化。因此，进行债券投资前，必须对宏观经济走势做一个客观的判断。观察宏观经济形势好坏的指标有很多，主要指标有国内生产总值，消费者物价指数，失业率等。

（3）债券的供给与需求。债券的供求将直接影响债券的市场价格和债券收益率，所以投资者要关注每年到期的债券资金与当年新发行债券的计划资金，如果到期资金大于当年新发债计划资金，就会导致债券需求大于供给，债券价格有可能上升；反之，如果债券发行量大于当年到期的债券资金，债券的价格就有可能下跌。

（4）债券投资成本。债券的投资成本大致包括购买成本、交易成本和税收成本三部分。购买成本是投资人购买债券所支付的金额，交易成本包括经纪人佣金、成交手续费和过户手续费等。目前国债的利息收入是免税的，但是企业债券的利息收入还需要交税，机构投资者还需要缴纳营业税，因此税收也是影响债券实际投资收益的重要因素。

（5）股票市场。股票市场股债券市场之间存在着此消彼长的关系。一般来讲，股票市场上涨，债券市场就会下跌；反之，股票市场下跌，债券市场就会上扬。这主要是市场参与者为了追逐较高的投资回报，总会在两个市场之间来回穿梭，哪个市场盈利机会大，资金就会流向哪个市场。

利率市场化将不可避免地对债券市场产生重要影响，这种影响主要表现为市场规模将进一步扩大，交易品种将进一步体现出多样化、差异化，使债券市场能够满足日趋细分的投资和融资需求。也就是说，利率市场化的进程是债券市场规模的扩大和产品细分的过程。同时，利率市场化对债券市场结构和功能的影响也是深远的、渐进的和长期的。

首先，利率市场化，意味着利率的数量结构、期限结构和风险结构将由市场自发选择。在利率市场化的状态下，更多的资金供需方将参与到资金交易市场中，债券市场作为资金交易的一个重要场所，其规模也将迅速增长。我国债券市场规模相对于经济规模偏小，目前债券市场规模占我国GDP 的 37％。以美国为例，目前其债券市场的总规模为 23 万亿美元，大约相当于其 GDP 的 2.1 倍。债券市场规模的偏小，反映我国债券市场还没有在经济运行中发挥主要融资功能，这一点将随着利率市场化的进程发生深刻变化。

同时，利率市场化的过程，是一个金融市场由低水平向高水平、由简单形态向复杂形态转化的过程，而债券市场作为金融市场中一个重要的组成部分，就必须为利率市场化过程中建立起品种齐全、结构合理的投融资产品体系、利率发现和利率风险控制的工具体系。这一点，也为其他已经实现利率市场化的国家的发展进程所证明。而要建立全面的产品体系和工具体系，我们国家目前债券市场无论从信用种类上，还是从产品结构种类上，都过于单一。

从信用种类上看，我国债券市场中的国债、央行票据和"准国债"的金融债是市场的绝对主体，而企业债所占比重微乎其微。从利率市场化所要达到"利率由市场中资金供求主体决定"的目标来看，我国企业债市场严重偏小显然是不符合利率市场化的要求的。企业应该是市场经济条件下主要的资金供求主体，因此，未来企业债市场的规模必将大幅扩大。此外，正在准备推出的信贷资产证券化产品说明我国债券市场信用种类正逐渐丰富，也是利率市场化对债券市场影响的具体表现。

总的来说，利率市场化会影响债券市场的供求关系、收益率期限结构、市场结构和功能，债券市场的发展程度也会制约利率市场化进程及其可能达到的预期效果。因此，两者是无法割裂的，必然齐头并进，利率市场化对债券市场的影响是深远的，债券市场也一定会在利率市场化进程中得到长远的发展。

9.5 债券产品投资渠道

9.5.1 如何投资银行柜台国债

（1）开立个人国债账户。填写《储蓄国债开户申请表》，签字接受托管服务章程，同时提供本人有效身份证和借记卡（或存折）。

（2）认购。填写《储蓄国债业务申请表》或口头提出认购申请，同时提供个人国债账户开户所使用的借记卡（或存折）。

（3）提前兑取。填写《储蓄国债业务申请表》或口头提出认购申请，同时提供个人国债账户开户所使用的借记卡（或存折）。提前兑取需要扣除一部分收益，并按兑取本金的一定比例收取手续费。

（4）付息或还本。到期后直接支付到投资者的资金清算账户（个人国债账户开立所使用的借记卡或存折），无需任何手续。

（4）账务查询。可以通过国债的代销网点柜台或者代销银行的电话银行或中央国债公司的电话语音复核查询系统进行账务查询。

9.5.2 如何投资交易所国债

普通投资者可以参加上交所和深交所的国债现券交易，投资者只要持有上交所和深交所的证券账户或基金账户，既可以进行国债买卖，交易方式与股票类似。具体程序如下：

（1）开户。投资者可以通过所在地的证券营业部或证券登记结算机构先办理证券账户卡，办理证券账户卡需提供本人有效身份证原件及复印件，委托他人代办的，还需提供代办人身份证原件及复印件。

办理沪、深证券账户卡后，需要首先在证券营业部开户，开户主要在证券公司营业部柜台或指定银行开户网点，然后才可以买卖证券。

（2）国债申购。投资者认购上交所和深交所上市发行的国债需要通过上交所和深交所基金账户进行。①申购代码：深交所：1016××或1017××；上交所751×××。②交易单位：上网申购发行的国债申报数量以手为单位（以人民币1000元面额为1手）③交易费用：投资者办理交易所网上发行国债的认购手续时不需要交纳手续费用和申购费用。

（3）支付利息。交易所一般会在付息日前几天发出支付利息的通知，确定债权登记日。付息的方式是由交易所通过证券公司将利息款直接转到投资者的证券账户或基金账户、国债专户上。

（4）本金兑取。国债现货到期兑付时，交易所于到期兑付前一个工作日摘牌，并根据债权登记日登记在册的投资者将到期的本息划入投资者的账户。

9.5.3 交易所企业债券投资

（1）投资者要参与证券交易所企业债券交易，首先必须选择一家证券营业部，并在该公司办理开户手续后即可进行交易。

（2）企业债券的交易交割实行 T＋1 方式。

（3）企业债券上市后，已购买企业债券的投资者需要在原购买网点委托证券公司代理买卖；企业债券上市后买卖该债券的投资者须遵循"在某个营业部买入只能在该营业部卖出或活到期兑付本息"。

（3）投资者可通过网络、电话委托或柜台方式查询成交情况。

9.5.4 交易所公司债券投资

（1）发行与认购。目前，公司债券采取网上发行方式通过上交所竞价系统面向社会公共投资者公开发行部分债券。在中国证券登记结算有限责任公司上海分公司开立的首位为 A、B、D、F 的证券账户持有人可在公司债券发行日按照"时间优先"的原则认购公司债券，认购成功的，上交所竞价交易系统将实时确认成交。

（2）公司债券代码和简称。投资者可在上交所竞价交易系统（以下简称竞价系统）和固定收益综合电子平台（以下简称电子平台）交易。在两个系统同时挂牌交易的，使用相同的证券代码和证券简称。

（3）指定交易。公司债券实行全面指定交易。通过竞价交易系统买卖公司债券的投资者必须事先指定一家会员作为其买卖的委托人，通过该会员参与交易所公司债券买卖、投资者通过证券经营机构可选择现场委托、电话委托或网上委托等方式参与债券现货买卖。

9.6 债券产品选购策略

（1）积极投资策略与消极投资策略

债券的投资策略可以分为消极型投资策略和积极型投资策略两种，每位投资者可以根据自己资金来源和用途来选择适合自己的投资策略。消极型投资策略是一种不依赖于市场变化而保持固定收益的投资方法，其目的在于获得稳定的债券利息收入和到期安全收回本金。积极的投资策略主要是依据市场的变化，在债券价格低的时候买进，价格上涨之后卖出，获取买卖债券交易的价差收益。

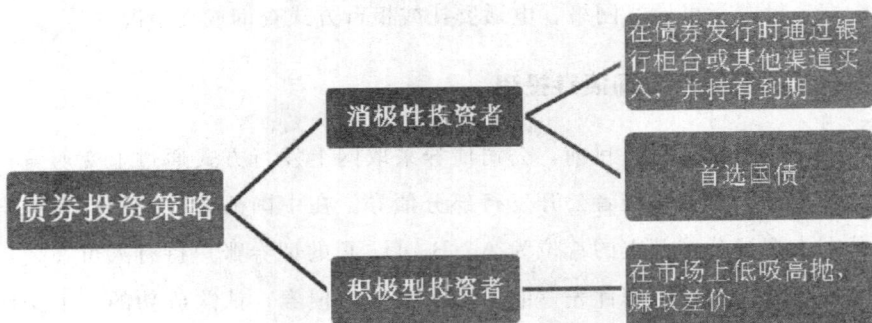

图 9-1　债券的不同投资策略

（2）阶梯型组合投资法

所谓梯型投资法，又称等期投资法，就是每隔一段时间，在国债发行市场认购一批相同期限的债券，每一段时间都如此，接连不断，这样，投资者在以后的每段时间都可以稳定地获得一笔本息收入。假设你有 50000元资金可以用来投资债券，那么你可以买入 1 年期到 5 年期的债券各10000 元，这样每年都有 10000 元债券到期，其本利和可用新的投资，可以避免在急需资金时缺乏流动资金，同时也可以分散利率风险。

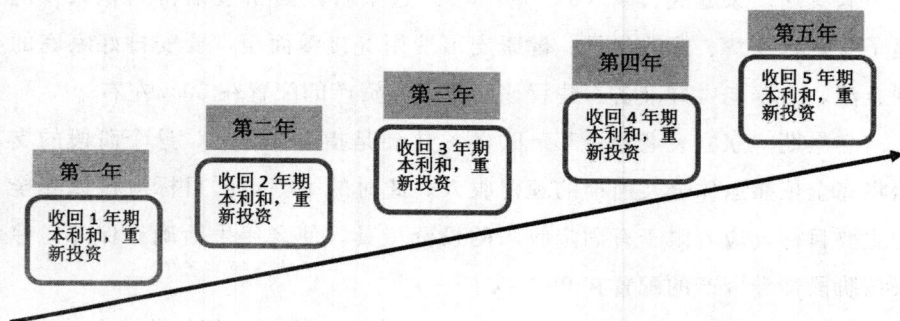

（3）杠铃型组合投资法

这种投资模型是集中将资金投资于债券的两个极端：为了保证债券的流动性而投资于短期债券，为确保债券的收益性而持有长期债券，不买入中期债券。投资者可以根据市场利率的变化调整长、短期债券的比例。

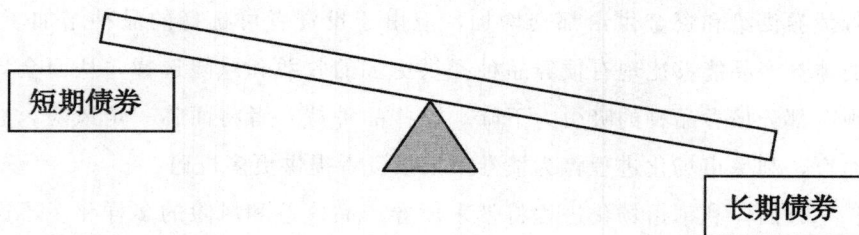

（4）家庭生命周期与债券投资

债券投资在家庭中到底占有什么样的位置呢？或者说家庭投资中到底应该配置多少比例的债券呢？下面就结合家庭生命周期来探讨这一问题。

筑巢期。家庭形成期（25—35岁）是家庭主要的消费期，这时候家庭资产开支和风险比较大，如生育子女、再教育以及变换工作带来的风险，因此要注意适当节流，慢慢聚积财富。建议该阶段债券资产的配置在30%

左右。

满巢期。家庭成长期（30－55岁）。这个阶段财富逐渐得到积累，但是子女教育经费、赡养父母、健康支出费用等接踵而至，要安排好家庭的现金流，为养老做好准备。建议该阶段债券资产的配置在50%左右。

空巢期。家庭衰老期（55－80岁）主要是指退休之后，这个阶段的支出将完全依靠退休金及前期的理财收入。此时的家庭理财目标应该以安全为主要目标，应着眼于有固定收入的投资工具，使老年生活确有保障。建议该阶段债券资产的配置在90%以上。

另外一个简单的算法就是：年龄是你储蓄的比例，例如你已经40岁了，你应该将资金的40%用于储蓄；若你80岁了，你至少将80%用于储蓄。当然我们这里的储蓄不仅仅是指银行存款，收益稳健而固定的债券也是一种很好的选择。

（5）利率市场化条件下的债券投资策略

利率市场化进程所导致的债券市场的规模及品种的扩容和细分，对当前债券市场投资者而言，既意味着风险，更意味着机遇。虽然市场扩容意味着债券供给和资金供给都会增加，但由于投资者可选择的品种增加了，新的债券产品能够比现有债券品种提供更多的收益和风险选择，从而会导致现有部分债券品种的吸引力下降，这些品种持有者将面临一定风险。总体而言，利率市场化进程将为债券市场投资者提供更多机遇。

一方面，利率市场化进程将带来债券产品收益和风险的多样化。不同风险偏好的投资者可作出更加适合自身需要的选择。利率市场化程度提高后，利率甄别不同投资机会的功能增强，利率风险成为市场中的主要风险之一，市场对风险的衡量、补偿和规避技术提高，那么市场就可以容许不同信用级别的主体进入，信用级别低的主体不得不用较高的溢价补偿较低的信用；不同主体、不同品种的债券之间因为风险的不同而利用利率杠杆产生合理的收益差，使得收益与风险对称。投资者可以选择不同信用级别和不同收益率的信用债进行投资。

另一方面，利率市场化进程导致的债券品种的多样化，可以帮助投资者进行利率风险的对冲，制定个性化的投资策略。而我国债券市场目前的金融工具体系发展尚处在起步阶段，大大降低了债券投资的吸引力。随着利率市场化进程的推进，必将促进债券市场金融工具体系的发展和完善，为债券市场投资者提供更多机遇。

9.7 债券投资注意事项

第一，不要被高额收益冲昏头脑，你买的是信誉。是的，一些信用等级比较低的债券确实能够带来更高的收益，但是他们拖欠债务的可能性也比较高。你不可能像专业的投资人那样擅长于发现债券发行公司存在的问题和警告信号。因此，一定要坚持购买高信用等级的债券，这样你不必时刻担心，也不必承受那些不幸的后果。

第二，了解债券可能被赎回。很多债券，尤其是公司债券，都能够在到期之前被合法赎回。这意味着债券发行者会提前偿还你的本金，原因可能是他不再需要借那么多钱，或者利率下降了，债券发行者想以更里的利息率重新发行债券。所以说，在购买那些利率高于现行利率的债券的时候，要特别小心，因为借款者可能会抢先偿付这种债券。

第三，要坚持多元化投资。你应该投资并持有不同行业的各种公司发行的债券，以缓冲经济环境中发生的一些不利于某个或某些行业的变化。在你打算投资债券于债券的资金中，不要向任何一支债券中投入超过20%的钱。

第三，一定要货比三家。与购买汽车或别的用品时候一样，你购买债券的时候也要货比三家，尽量为你中意的债券找到一个合适的价格。在出售债券的时候，也一定要四处比较一下，而不只是相信一个机构、市场或经纪人提供的价格。

第 10 章　股票投资——人人都想当股神

谈到理财，很多人的第一反应是"炒股"，还有股神巴菲特。很多人都希望自己也能像巴菲特那样成为股神，甚至能够通过炒股实现一夜暴富。股票是全球公认最主要的投资工具，根据国外的长期的实践看，长期投资并持有股票确实可以给投资者带来不错的投资收益。在美国证券市场200 年的历史中，股票实际复合收益率达到了平均每年 7% 的水平，即股票收益率战胜通货膨胀率 7 个百分点。

10.1 股票的基础知识

股票是股份证书的简称，是股份公司为筹集资金而发行给股东作为持股凭证并借以取得股息和红利的一种有价证券。每股股票都代表股东对企业拥有一个基本单位的所有权。股票是股份公司资本的构成部分，可以转让、买卖或作价抵押，是资金市场的主要长期信用工具。上市公司股票是指在交易所挂牌交易的股票。目前我国的有两个证券交易所，分别是上海证券交易所和深圳证券交易所。

世界上最早的股份有限公司制度诞生于 1602 年，即在荷兰成立的东印度公司，它由冒险商人组成的、政府特许垄断海外贸易的股份公司。此后，这种企业组织形态很快为资本主义国家广泛利用，成为资本主义国家企业组织的重要形式之一。中国历史上最早出现的股票是洋人发行的。1840 年鸦片战争后，外商开始在中国兴办工商企业并开始发行股票。中国最早的股份公司是 1865 年 3 月 3 日在香港设立的英国汇丰银行。

　　股票投资是指企业或个人用积累起来的货币购买股票，借以获得收益的行为。股票投资的收益是由"收入收益"和"资本利得"两部分构成的。收入收益是指股票投资者以股东身份，按照持股的份额，在公司盈利分配中得到的股息和红利的收益。资本利得是指投资者在股票价格的变化中所得到的收益，即将股票低价买进，高价卖出所得到的差价收益。股票短期投资主要是为了获得资本利得，而长期投资主要是为了获得股息分红。投资者投资股票需要在证券公司开户，通过委托证券公司进行股票交易。

10.2 股票的特点

（1）稳定性

　　股票投资是一种没有期限的长期投资。股票一经买入，只要股票发行公司存在，任何股票持有者都不能退股，即不能向股票发行公司要求抽回本金。同样，股票持有者的股东身份和股东权益就不能改变，但他可以通过股票交易市场将股票卖出，使股份转让给其他投资者，以收回自己原来的投资。

（2）风险性

　　任何一种投资都是有风险的，股票投资也不例外。股票投资者能否获得预期的回报，首先取决于企业的盈利情况，利大多分，利小少分，公司破产时则可能血本无归；其次，股票作为交易对象，就如同商品一样，有着自己的价格。而股票的价格除了受制于企业的经营状况之外，还受经济的、政治的、社会的甚至人为的等诸多因素的影响，处于不断变化的状态中，大起大落的现象也时有发生。股票市场上股票价格的波动虽然不会影响上市公司的经营业绩，从而影响股息与红利，但股票的贬值还是会使投资者蒙受部分损失。

（3）责权性

　　股票持有者具有参与股份公司盈利分配和承担有限责任的权利和义

务。根据公司法的规定，股票的持有者就是股份有限公司的股东，他有权或通过其代理人出席股东大会、选举董事会并参与公司的经营决策。股东权力的大小，取决于占有股票的多少。

（4）流通性

股票可以在股票市场上随时转让，进行买卖，也可以继承、赠与、抵押，但不能退股。所以，股票亦是一种具有颇强流通性的流动资产。无记名股票的转让只要把股票交付给受让人，即可达到转让的法律效果；记名股票转让则要在卖出人签章背书后才可转让。正是由于股票具有颇强的流通性，才使股票成为一种重要的融资工具而不断发展。

10.3 股票的分类

（1）普通股和优先股

根据股票的权利不同，可分类普道股和优先股。所谓普通股股票，就是持有这种股票的股东都享有同等的权利，他们都能参加公司的经营决策，其所分取的股息红利是随着股份公司经营利润的多寡而变化。所谓优先股股票是指持有该种股票股东的权益要受一定的限制。优先股股票的发行一般是股份公司出于某种特定的目的和需要，且在票面上要注明"优先股"字样。优先股股东的特别权利就是可优先于普通股股东以固定的股息分取公司收益并在公司破产清算时优先分取剩余资产，但一般不能参与公司的经营活动，其具体的优先条件必须由公司章程加以明确。

（2）上市股票和非上市股票

根据公司是否已经上市，可分为上市股票和非上市股票。上市股票是指已经在交易所挂牌上市交易的股票，上市股票的流通性好，价格随市场变化波动。非上市股票是指不在证券交易所注册挂牌的股票。因为他们并非在交易所买卖，故流动性较差。

（3）A股、B股和H股

我国股票的分类方法。A股的正式名称是人民币普通股票。它是由我国境内的公司发行，供境内机构、组织或个人（不含台、港、澳投资者）以人民币认购和交易的普通股股票。B 股的正式名称是人民币特种股票，它是以人民币标明面值，以港币或美元认购和买卖，在境内（上海、深圳）证券交易所上市交易的。B 股公司在中国注册，最初只限于外国人买卖，目前已经对境内投资者开放。H 股，即注册地在中国内地、上市地在香港的股票。香港的英文是 HongKong，取其字首，在港上市外资股就叫做 H 股。

（4）国有股、企业法人股和个人股

根据股票持有人不同，我国的股票可分为国有股、企业法人股和个人股。国有股是国家持有的股份，代表国家投资的政府机构或部门以国有资产投入形成的股份公司的股票。企业法人股是企业法人以其依法可支配的资产向其他企业投资而形成的股份，或具有法人资格的事业单位以及其他社团，以国家允许用于经营的资产投资而形成的股份公司的股票。个人股，也叫自然人股，包括两种类型：一种是企业内部职工股，指职工持有本企业内部发行的股票（现已叫停）；另一种是社会个人股，是指城乡居民购买股份制企业公开发行的股票。

10.4 股票的投资分析

10.4.1 股票价格的影响因素

投资于股票，应该着重考虑上市公司、行业环境、经济环境、市场环境和政府政策等因素。

——上市公司。选公司主要选它的未来。MicroSoft、Google、Apple、QQ、百度、网易、盛大，看她们的成长轨迹，你就知道选择好的公司是多么的重要。选股票就是要让成长性公司进入您的投资组合，并坚定地持有到增长不再成长。

——行业环境。不同经济周期，不同行业的盈利水平不一样，要注重行业内部分析，也要重视经济环境对行业的影响。如果行业处于朝阳时期，一般企业也会发展前途光明；如果行业已经处于夕阳时期，企业很难做强做大。

——经济环境。经济环境的趋势和变化，是你构建投资组合的重要依据。一个完整的经济周期包括：繁荣、衰退、萧条与复苏四个阶段。一般而言，在经济处于繁荣时期，股票的价格会不断上涨；经济处于衰退时期，股票的价格会不断下跌。

——市场环境。中国证券市场上蹿下跳，市场的预期非常复杂，涨得让你目瞪口呆，跌得让你呕吐不止，市场各方面的力量交互影响。不同的市场有着不同的环境，不同的市场对应着不同的操作策略。

——政府政策。政府对经济发展取向的策略和意图，其影响可能是长期性的，也可能是短期性的，可以造就一个伟大行业和一部分伟大公司（短期），但也可以摧毁一个行业和大部分公司（长期）。

做好上述因素的分析后，认真构建自己的投资组合，制定出灵活并适应于市场的投资策略。投资者首先做到能够防范风险，然后才能分享这个市场的成长。

10.4.2 股票投资分析方法

股票投资的分析方法主要有如下三种：基本分析法，技术分析法、演化分析法，其目的在于预测价格趋势和价值发现，从而为投资者提供介入时机和介入品种决策的依据。其中基本分析主要应用于投资标的物的价值判断和选择上，技术分析和演化分析则主要应用于具体投资操作的时间和空间判断上，作为提高证券投资分析有效性和可靠性的重要补充。

（1）基本分析

基本分析法通过对决定股票内在价值和影响股票价格的宏观经济形势、行业状况、公司经营状况等进行分析，评估股票的投资价值和合理价值，与股票市场价进行比较，相应形成买卖的建议。基本分析包括下面三个方面内容：

宏观经济分析。研究经济政策（货币政策，财政政策，税收政策，产业政策等等），经济指标（国内生产总值，失业率，通胀率，利率，汇率等等）对股票市场的影响。

行业分析。分析产业前景，区域经济发展对上市公司的影响。

公司分析。具体分析上市公司行业地位，市场前景，财务状况。

（2）技术分析

技术分析法从股票的成交量、价格，达到这些价格和成交量所用的时间、价格波动的空间几个方面分析走势并预测未来。当前常用的有 K 线理论、波浪理论、形态理论、趋势线理论和技术指标分析等。

由技术分析定义得知，其主要内容有图表解析与技术指标两大类。事实上早期的技术分析只是单纯的图表解析，亦即透过市场行为所构成的图表型态，来推测未来的股价变动趋势。但因这种方法在实际运用上，易受个人主观意识影响，而有不同的判断。这也就是为什么许多人戏称图表解析是一项艺术工作，九个人可能产生十种结论的原因。为减少图表判断的主观性，市场逐渐发展一些可运用数据计算的方式，来辅助个人对图形形态的知觉与辨认，使分析更具客观性。

从事技术分析时，有下述 11 项基本操作原则可供遵循：

①股价的涨跌情况呈一种不规则的变化，但整个走势却有明显的趋势，也就是说，虽然在图表上看不出第二天或下周的股价是涨是跌，但在整个长期的趋势上，仍有明显的轨迹可循。

②一旦一种趋势开始后，即难以制止或转变。这个原则意指当一种股票呈现上涨或下跌趋势后，不会于短期内产生一百八十度的转弯，但须注意，这个原则是指纯粹的市场心理而言，并不适用于重大利空或利多消息出现时。

③除非有肯定的技术确认指标出现，否则应认为原来趋势仍会持续发展。

④未来的趋势可由线本身推论出来。基于这个原则，我们可在线路图上依整个头部或底部的延伸线明确画出往后行情可能发展的趋势。

⑤任何特定方向的主要趋势经常遭反方向力量阻而改变，但1/3或2/3幅度的波动对整个延伸趋势的预测影响不会太大。也就是说，假设个别股票在一段上涨幅度为三元的行情中，回一元甚至二元时，仍不应视为上涨趋势已经反转只要不超过2/3的幅度，仍应认为整个趋势属于上升行情中。

⑥股价横向发展数天甚至数周时，可能有效地抵消反方向的力量。这种持续横向整理的形态有可辨认的特性。

⑦趋势线的背离现象伴随线路的正式反转而产生，但这并不具有必然性。换句话说，这个这个原则具有相当的可靠性，但并非没有例外。

⑧依据道氏理论的推断，股价趋势产生关键性变化之前，必然有可资辨认的形态出现。例如，头肩顶出现时，行情可能反转；头肩底形成时，走势会向上突破。

⑨在线路产生变化的关键时刻，个别股票的成交量必定含有特定意义。例如，线路向上挺升的最初一段时间，成交量必定配合扩增；线路反转时，成交量必定随着萎缩。

⑩市场上的强势股票有可能有持续的优良表现，而弱势股票的疲态也可能持续一段时间。我们不必从是否有主力介入的因素来探讨这个问题，只从最单纯的追涨心理即可印证此项原则。

⑪在个别股票的日线图或周线图中，可清楚分辨出支撑区及抵抗区。这两种区域可用来确认趋势将持续发展或是完全反转。假设线路已向上突破抵抗区，那么股价可能继续上扬，一旦向下突破支撑区，则股价可能再现低潮。

（3）演化分析

演化分析法是以演化证券学理论为基础，将股市波动的生命运动特性作为主要研究对象，从股市的代谢性、趋利性、适应性、可塑性、应激性、变异性和节律性等方面入手，对市场波动方向与空间进行动态跟踪研究，为股票交易决策提供机会和风险评估的方法总和。演化分析认为股价波动无法准确预测，因此它属于模糊分析范畴，并不试图为股价波动轨迹提供定量描述和预测，而是着重为投资人建立一种科学观察和理解股市波动逻辑的全新的分析框架。普通股民可以选择性了解，不必勉强掌握。

从上可知，基本分析和技术分析各有优缺点和适用范围。基本分析法能够比较全面地把握股票价格的基本走势，但对短期的市场变动不敏感；技术分析贴近市场，对市场短期变化反应快，但难以判断长期的趋势，特别是对于政策因素，难有预见性。投资者在具体运用时应该把两者有机结合起来，方可实现效用最大化。

10.5 巴菲特投资理念

巴菲特是当今世界具有传奇色彩的证券投资家，他以独特、简明的投资哲学和策略，投资可口可乐、吉列、所罗门兄弟投资银行、通用电气等著名公司股票、可转换证券并大获成功。40 年来，他的公司取得了 4000 多倍的投资收益率。2008 年，他的个人财富达到 620 亿美元，成为世界首富。以下我们介绍巴菲特的投资理念：

巴式方法大致可概括为 5 项投资逻辑、12 项投资要点、8 项选股标准和 2 项投资方式。简单概括赢家暗语：5＋12＋8＋2。

1.5 项投资逻辑

①因为我把自己当成是企业的经营者，所以我成为优秀的投资人；因为我把自己当成投资人，所以我成为优秀的企业经营者。

②好的企业比好的价格更重要。

③一生追求消费垄断企业。

④最终决定公司股价的是公司的实质价值。

⑤没有任何时间适合将最优秀的企业脱手。

2.12 项投资要点

①利用市场的愚蠢，进行有规律的投资。

②买价决定报酬率的高低，即使是长线投资也是如此。

③利润的复合增长与交易费用和税负的避免使投资人受益无穷。

④不在意一家公司来年可赚多少，仅有意未来 5 至 10 年能赚多少。

⑤只投资未来收益确定性高的企业。

⑥通货膨胀是投资者的最大敌人。

⑦价值型与成长型的投资理念是相通的；价值是一项投资未来现金流量的折现值；而成长只是用来决定价值的预测过程。

⑧投资人财务上的成功与他对投资企业的了解程度成正比。

⑨"安全边际"从两个方面协助你的投资：首先是缓冲可能的价格风险；其次是可获得相对高的权益报酬率。

⑩拥有一只股票，期待它下个星期就上涨，是十分愚蠢的。

⑪就算联储主席偷偷告诉我未来两年的货币政策，我也不会改变我的任何一个作为。

⑫不理会股市的涨跌，不担心经济情势的变化，不相信任何预测，不接受任何内幕消息，只注意两点：A. 买什么股票；B. 买入价格。

3.8 项投资标准

①必须是消费垄断企业。

②产品简单、易了解、前景看好。

③有稳定的经营史。

④经营者理性、忠诚，始终以股东利益为先。

⑤财务稳健。

⑥经营效率高、收益好。

⑦资本支出少、自由现金流量充裕。

⑧价格合理。

4.2 项投资方式

①卡片打洞、终生持有，每年检查一次以下数字：A. 初始的权益报酬率；B. 营运毛利；C. 负债水准；D. 资本支出；E. 现金流量。

②当市场过于高估持有股票的价格时，也可考虑进行短期套利。某种意义上说，卡片打洞与终生持股，构成了巴式方法最为独特的部分。也是最使人入迷的部分。

巴菲特还有个长期制胜的法宝：远离市场。他对华尔街那群受过高等教育的专业人士的种种非理性行为感到不解。也许是人在市场，身不由己。所以巴菲特最后离开了纽约，躲到美国中西部一个小镇里去了。他远离市场，也因此战胜了市场。有人曾做过统计，巴菲特对每一只股票的投资没有少过 8 年。巴菲特曾说："短期股市的预测是毒药，应该把它摆在最安全的地方，远离儿童以及那些在股市中的行为像小孩般幼稚的投资人。"

一般人认为"不要把所有鸡蛋放在同一个篮子里"，这样即使某种金融资产发生较大风险，也不会全军覆没。但巴菲特却认为，投资者应该像马克·吐温建议的那样，把所有鸡蛋放在同一个篮子里，然后小心地看好它。作为普通投资者，由于自身精力和知识的局限，分散投资不失为明智之举。巴菲特集中投资的策略基于集中调研、集中决策。在时间和资源有限的情况下，决策次数多的成功率自然比投资决策少的要低，就好像独生子女总比多子女家庭所受的照顾多一些，长得也壮一些一样。

中国有句古话叫："生意不熟不做"。巴菲特有一个习惯，不熟的股票不做，所以他永远只买一些传统行业的股票，而不去碰那些高科技股。2000 年初，网络股高潮的时候，巴菲特却没有购买。那时大家一致认为他已经落后了，但是现在回头一看，网络泡沫埋葬的是一批疯狂的投机家，巴菲特再一次展现了其稳健的投资大师风采，成为最大的赢家。这个例子告诉我们，在做任何一项投资前都要仔细调研，不投自己不熟悉的行业。

10.6 股票投资创新和发展

10.6.1 ETF 套利

ETF 也称交易所交易基金（Exchange Traded Fund），属于开放式基金的一种特殊类型，它综合了封闭式基金和开放式基金的优点。投资者既可以在二级市场上买卖 ETF 份额，又可以向基金公司申购、赎回 ETF 份额。由于 ETF 的独特优势，自 1990 年多伦多证券交易所推出第一只

ETF—TIPs 以来，ETF 在全球范围内获得迅速的发展。据统计，截止 2004 年 6 月 30 日，北美共有 150 只 ETF 基金，全球金融市场共有 304 只。北美 ETF 产品资产总值达到 1830 亿美元，全球 ETF 产品资产总值达到 2464 亿美元。

　　根据无套利均衡原理，在无摩擦的有效市场中，如果两个资产组合在未来任何状态下现金流都完全相等，在未来任何情况下，一个资产组合都能完全复制另一资产组合，那么这两个资产组合的当前市场价格应相等，如果这两个资产组合的价格不相等，则存在着无风险套利。由于 ETF 特殊的交易机制，投资者即可在一级市场通过一篮子股票完成 ETF 的申购和赎回，也可在二级市场中进行 ETF 之间的相互交易，所以当 ETF 二级市场价格相对于其净值出现折价或溢价时，投资者可以在 ETF 一级市场、ETF 二级市场及股票现货市场之间进行简单的套利，这是 ETF 套利的基本原理。

　　ETF 基金二级市场交易流程和交易规则与目前的封闭式基金相同。投资者可以通过证券公司经纪业务渠道，委托证券商按二级市场价格现价在二级市场上进行 ETF 基金的基金份额交易。基金管理人在每一交易日开市前向交易所提供当日的申购赎回清单，交易所在开市后根据申购赎回清单中成分股票的价格行情变动，及时计算基金净值估计（IOPV），供投资者、套利者作为买卖、套利的参考，买卖双方根据这些信息形成 ETF 基金在二级市场上的交易价格。套利交易过程涉及的申购赎回交易，需要通过参与券商进行。投资者通过参与券商向基金管理提出申购赎回申请，以基金管理人在每个交易日公布的申购赎回清单中的基金股票篮申购 ETF 基金的基金份额，或者赎回基金份额换取对应的一篮子股票。

　　一般地，ETF 基金存在以下两种套利机制：当基金二级市场价格高于基金的单位净值时，投资者可以买入基金股票篮，申购基金份额，并将基金份额在二级市场卖出；当基金二级市场价格低于基金的单位净值时，投资者可以在二级市场买入基金份额，并赎回基金份额，将赎回获得的基金股票篮卖出。基金二级市场价格与单位净值之间的差额再扣除相关的交易费用即为投资者的套利收益。由于套利交易机制的存在，如果 ETF 基金二级市场价格与基金净值的差别达到一定程度以后，套利交易者的套利交易将推动 ETF 基金二级市场价格不断向基金净值靠拢，直到套利交易利润不能弥补交易成本为止。

10. 6. 2 融资融券

融资融券（securities margin trading）又称"证券信用交易"或保证金交易，是指投资者向具有融资融券业务资格的证券公司提供担保物，借入资金买入证券（融资交易）或借入证券并卖出（融券交易）的行为。简单来说，融资是指投资者向券商缴纳一定的保证金，能够获取超过保证金一定比例的资金，放大投资者持有的证券资产金额，到期后缴纳一定的融资成本。融券交易是指投资者交纳一定的保证金，向证券公司借入一定数量的证券卖出，并在规定期限内买入证券归还同时付息的交易行为。

从世界范围来看，融资融券制度是一项基本的信用交易制度。目前在资本市场发达的美国，融资融券交易占到了总交易额的 15% 左右。2010 年 03 月 30 日，上交所、深交所分布发布公告，表示将于 2010 年 3 月 31 日起正式开通融资融券交易系统，开始接受试点会员融资融券交易申报。目前我国的融资融券业务只占到总交易额的 8% 左右，未来还有很大的发展空间。我们对借入资金购买股票比较容易理解，但是对借入证券的融券业务还比较陌生。融券业务实际是为投资者提供了一种在空头市场获取绝对收益的投资渠道，具体交易操作上一般有单边做空和多空组合两种方式。

模式一：在空头市场通过单边做空来获取收益。目前能够进行融资融券交易的股票有 278 只，以流动性好的大中盘股票为主，标的股范围未来有可能进一步扩大，把代表中小盘的中证 500 指数成分股囊括在内。通过股价高位时向券商借券卖出，低位时买入还券的方式，投资者可以赚取股票价格下跌的收益，抓住一些特殊的市场事件性机会。

模式二：投资者还可通过同时建立多头头寸和融券卖空部分资产，获取多头相对空头的超额收益。当我们不清楚两个股票或两个股票组合未来是涨还是跌，但有较大把握确定其中一个会相对另一个表现更好（涨的多或跌的少）时，我们可以买入相对好的股票或组合同时融券做空相对差的股票或组合，赚取两者间的价格差异。赚钱的关键是如何确定一只股票在未来表现会相对另一只要好。

其一，配对交易（pairs trading），该策略的基本原理是认为同行业主营业务相近的两只股票，在无重大事件发生前提下，它们受到的宏观、行业等基本面因素影响类似，股价应该不会出现太大偏离。当两者价格由于市场因素影响出现短期偏离时，前期涨得慢的股票补涨、跌得慢的股票补跌的可能性较大，这时可以买入前期的相对弱势股同时卖出相对强势股，待两者价差收窄时再平仓了结交易。

其二，多空策略，该策略首先通过历史数据的相关性分析找到哪些因素对股价有显著影响，这些影响因素可以分为三类：财务类、技术类和分析师预期类。确定影响因子后，可根据各个因子的数值大小对股票进行打分，继而得到每个股票的综合得分。

从本质上讲，配对交易是寻找两只基本面相似、股价走势较为同步的股票，当短期价格走势发生偏离时，构建组合，获取两者价格回到均衡状态的收益。而多空策略，是寻找一部分看涨股票，同时在相似风格下再寻找一部分看跌的股票，构建组合，对冲系统性风险，获取两者的收益差。

10.6.3 股指期货

股指期货（Share Price Index Futures），全称是股票价格指数期货，是指以股价指数为标的物的标准化期货合约，双方约定在未来的某个特定日期，可以按照事先确定的股价指数的大小，进行标的指数的买卖。在具体交易时，股票指数期货合约的价值是用指数的点数乘以事先规定的单位金额来加以计算的，如标准普尔指数规定每点代表 250 美元，香港恒生指数每点为 50 港元等。股票指数合约交易一般以 3 月、6 月、9 月、12 月为循环月份，也有全年各月都进行交易的，通常以最后交易日的收盘指数为准进行结算。

股票指数期货交易的实质是投资者将其对整个股票市场价格指数的预期风险转移至期货市场的过程，其风险是通过对股市走势持不同判断的投资者的买卖操作来相互抵销的。它与股票期货交易一样都属于期货交易，只是股票指数期货交易的对象是股票指数，是以股票指数的变动为标准，以现金结算，交易双方都没有现实的股票，买卖的只是股票指数期货合约，而且在任何时候都可以买进卖出。

股指期货本身并不只是供投资者投机的产品，而是作为一种对冲系统性风险的工具。投资者可以通过卖空适当份额的期指合约以抵御市场下跌风险。股指期货具有价值发现和风险转移的基本功能，投资者可以利用股指期货市场存在的不合理价格，同时参与股指期货与股票现货市场交易，或者同时进行不同期限，不同（但相近）类别股指期货合约交易，从中赚取差价。和商品期货的套利一样，股指期货的这种套利方式其原理都是在市场价格关系处于大幅偏离统计均值的非正常状态下进行双边交易以获取低风险差价。

股指期货具有很高的风险性，普通投资者不适合进行股指期货投资。我国的股指期货自 2010 年 4 月 16 日正式上市交易以来，期间沪深 300 指数累计下跌超过 40%，据不完全统计，参与市场的投资者九成亏损，资产损失一半以上的占四成。传统的买入持有待涨策略在单边下跌的市场中难以实现正收益。如果投资者没有严格的止损离场措施，则将陷入深度被套而至情绪麻木不仁割肉离场，苦等市场"V 型"反转以扭转乾坤，但市场正向有效波动范围一再收敛，市场交易额逐日萎缩。股指期货对投资者的投资决策起着不可小觑的作用，事实上，期指是市场情绪的一个良好指针。

10.7 如何进行股票投资

（1）开户

中国股市采取的是会员制制度，只要通过证券公司开立股票账户，即可进行股票投资。不论机构或个人，在深圳、上海证券交易所进行证券交易，首先需要开立证券账户卡，它是用于记载投资者所持有的证券种类、名称、数量及相应权益和变动情况的账册，是股东身份的重要凭证，每个投资者在每个市场只允许开立一个证券账户卡。现在证券公司竞争激烈，很多公司提供上门开户服务。

投资者在选择证券公司开户时，首先要考虑证券公司的实力，实力强的证券公司开办的业务会比较多，比如：融资融券等新业务，另外，证券公司还会给投资者提供研究报告等很多增值服务；其次要考虑佣金的高低。目前证监会规定的佣金是不超过千分之三，但是，很多证券公司可以提供万分之八的优惠佣金率；三是考虑证券营业部的位置，去营业部办事的方便程度。因为有很多业务的开办必须要到营业部去办理。

（2）办理第三方存管

客户证券交易结算资金（俗称"保证金"）第三方存管制度是指证券公司将客户证券交易结算资金交由银行等独立第三方存管。实施客户证券交易结算资金第三方存管制度的证券公司将不再接触客户证券交易结算资金，而由存管银行负责投资者交易清算与资金交收。客户证券交易资金、证券交易买卖、证券交易结算托管三分离是国际上通用的"防火"规则。

建立客户证券交易结算资金第三方存管制度，旨在从源头切断证券公司挪用客户证券交易结算资金的通道，从制度上杜绝证券公司挪用客户证券交易结算资金现象的发生，从根本上建立起确保客户证券交易结算资金安全运作的制度，达到控制行业风险、防范道德风险、保护投资者利益、维护金融体系稳定的目的。

在证券公司营业部办理好开立证券交易账户以及资金账户后，开户人持身份证、资金卡、股东卡、银行卡/存折、第三方存管协议书等到对应银行网点办理第三方存管银行确认手续。

（3）委托交易

目前投资者除了可以现场委托外，还有电话委托、网上委托、手机委托等方式。

——现场委托。投资者在证券营业部现场委托有两种方式：一种是当面柜台委托：需要本人填写委托单并签章，并将委托单妥善保存。第二种是自助终端委托：可分为电话委托和网上交易委托，视券商营业部的具体情况而定。如果是炒股的资金足够大，证券营业部还会给你开设专门的房间或工位，俗称大户室。

——电话委托。拨通交易委托号码，按提示语音操作。首先输入资金账号、证券账户号和交易密码，检验成功后，即可进行委托交易、行情查询、修改密码、买卖基金、银证转账等操作。

——网上委托。有两种方式可供选择：一种是网页版。投资者不需要下载任何软件，只要上网登录证券公司网站即可使用，同时对上网方式没有限制，拨号上网、局域网等均可使用。另一种的交易软件版。投资者需下载证券公司网上交易软件，包括行情和交易软件，安装后输入投资者的资金账号、证券账户号和交易密码进行登录，登录后即可进行委托交易、行情查询、资产查询、修改密码、银证转账、查询明细等操作。

——手机委托。需要先在手机上下载证券公司提供的相应版本的手机炒股软件，激活手机号码，安装软件后输入投资者的资金账号、证券账户号和交易密码进行登录，登录后即可进行委托交易、行情查询、资产查询、银证转账等操作。

10.8 投资股票注意事项

股市有风险，投资需谨慎。通常股票投资应是一些闲钱，而不是生活所必需的资金，毕竟市场存在风险。一般认为，个人收入的20％左右，投资股票市场是一个比较合适的投资比例，当然随着年龄的增长或者收入的增加，这个比例会发生变化。通常，我们建议不超过家庭总资产的40％进行风险投资。下面，我们介绍一种股票投资的理念策略。

（1）集中投资。把注意力集中在几家公司上，合理的数目是十至十五家。如果投资者的组合太过分散，这样反而会分身不暇，弄巧反拙。当然，这是针对大资金的投资方式，或者说是针对基金经理来说，通常，普通个人投资者投资不超过三只股票是最合适的投资组合。

（2）挑选价值股，不懂永不做。举个例子，巴菲特在1999年～2000年度一度落后于大市，当时由于股神表示不懂互联网、不懂电脑软件的未来发展和不懂半导体是什么而拒绝买入高科技股。有人更以此攻击股神，"老态龙钟"、"与时代脱节"和"风光不再"等等的评语都套用在巴菲特身上。结果随着互联网泡沫的爆破，再次证明股神巴菲特是对的。这说明了股神只会买入自己能够了解的公司股票。

（3）战胜心魔，理性投资。很多研究都指出，决定一个投资者成败的关键之一是性格。战胜自己内心的恐惧和贪婪。在经过深入了解和研究后，找到了买入股票的真正价值后，就不要理会它短期的价格波动。

（4）长期持有。选中好的公司股票，不要随便因蝇头小利而卖掉。只要该公司仍然表现出色，管理层稳定，就应该继续持有。

（5）拒绝投机。从不相信消息，坚持独立思考。巴菲特说，即使联邦储备局主席格林斯潘在他耳边秘密告知未来利率的去向，他也不会因此而改变任何投资计划。

（6）等待入市良机。投资者不需要在市场上经常出没。在发掘到好股票的时候，要等待好时机买入才能作长期持有的策略，这样胜算自然高。

股票投资是一门技术，更是一门艺术，还需要一定时间的积累。无论你是新股民还是老股民，只要你想在股市里慢慢成熟起来，那么你就必须经历以下三个阶段：

第一个阶段为初级阶段。具体表现特征如下：

①盲目性：对股票知识不了解或知之甚少，对"跳空、反弹、仓位"等专业名词更不知何意思，甚至根本就不知道怎么去开户；不会具体操作，更不知该买什么股票。但有一点"清楚"，认为只要买了股票就肯定能发财。

②胆大：由于盲目性，特别是认定"买股票就赚钱"，因此胆子大，敢买任何股票，特别表现在刚一开户，手就发痒，马上买进若干股，然后第二天一看没涨，马上换另外一只股票，或者一看涨了马上产生没有多买

的后悔。

③小试牛刀：当初入股市者盈利后，使得他们兴高采烈，更加悔恨自己没有早早入市并且"深化"了认识，即"股市赚钱易、赚钱快"，而且逢人便讲"股市的风险没有大家说的那么可怕，不需要那么多知识，我一入市就赚钱"等等，并且鼓动周围的亲戚朋友赶紧加入炒股队伍。小试牛刀的时间很短，最多3个月，随后就转入下一阶段。

第二个阶段为中级阶段。此阶段的整体特征均围绕套牢反映：

①被深套：由于"连战连胜"，忘乎所以，就好像2007年5月30日之前一样，就在各大媒体发出警告风险的时候，每天依然有几十万新开户的人跑向股市，结果"5·30"连续的暴跌，使得很多新股民全线被套住，或割肉，或等待，第一次尝到赔钱、风险的滋味。

②技巧差：虽然一些操作手段熟悉了，股票知识也了解一些，但抗风险的技巧没掌握，而一味觉得跌势马上就完了，结果越套越深。

③心情沉重：胜利果实及老本一下被套，想不通，很后悔，不愿意和周围人谈论股票，别人问及，往往支支吾吾，或强撑脸面皮笑肉不笑地说"还行"。

④不甘心：加大自己的仓位，只要有钱就尽量投入，想尽快捞回来。在此之间，特别爱打听消息，爱听股评，以获得精神上的安慰或从中汲取些策略。对不符合自己心愿的股评甚为反感，怕由此造成市场波动加大其损失。

⑤长期性：被套的时间长，如选的个股再不争气，更是赚指数赔钱，解套无望。好多曾经的新股民从2001年后的5年漫长的等待中最终变成了老股民。

第三个阶段为成熟阶段。俗话说"多年的媳妇熬成了婆"，此阶段是从经过小赚、深套、解套后，股民开始成熟：

①终于解套：苦等了相当一段时间后或几次割肉抄底成功后，老本终于赚回。头脑不再发热，不再贪心，充分认识股市风险，交易行为变得稳重。

②股票知识及操作技巧有很大提高：特别关注宏观面，结合技术面，

自己分析判断性加强。对股评少听少看仅作参考。

　　③谈话慎重：看着新股民疯狂地追涨杀跌，这个阶段的股民开始大谈注意股票风险，股市上胜与负的结果不再流露到脸上和语言中，显得沉稳老练。增强了风险意识，所以多以见好就收、落袋为安、谨慎为上。

第 11 章　期货投资——玩杠杆需要专业

期货是指由期货交易所统一制定的、规定在将来某一特定的时间和地点交割一定数量标的物的标准化合约。期货的主要功能是套期保值。投资期货与投资股票不同，它是以杠杆原理进行以小博大的"游戏"，往往以10%甚至5%的资金来进行实物合约交易，因此涨跌10%或5%就意味着输赢100%，而且不像股票涨时赢跌时亏，而是双向输赢，就视你做多还是做空。所以期货投资的风险极大，非专业人士轻易不要炒期货。

11.1 期货的基础知识

期货的英文是 Futures，也就是说期货是在现时进行买卖，但是在未来进行交割的金融产品。对期货交易的标的、交易单位、交割时间、交易地点、交割方式等进行明确规定的合同或者协议叫做期货合约，根据期货合约进行期货交易的场所叫做期货市场。期货的标的可以是大宗商品例如贵金属、原油、农产品，也可以是金融工具，如国债和股指。交易单位是买卖期货的最小单位，随着期货合约标的不同而变化。

（1）期货的功能

期货交易主要有三种功能。一是价格发现功能。参与期货交易者众多，都按照各自认为最合适的价格成交，因此期货价格可以综合反映出供求双方对未来某个时间的供求关系和价格走势的预期。这种价格信息增加了市场的透明度，有助于提高资源配置的效率。国内的上海商品交易所的铜、大连期货交易所的大豆的价格都是国内外的行业指导价格。二是回避价格风险的功能。在实际的生产经营过程中，为避免商品价格的千变万化导致成本上升或利润下降，可利用期货交易进行套期保值，即在期货市场上买进或卖出与现货市场上数量相等但交易方向相反的期货合约，使期货市场交易的损益相互抵补。锁定了企业的生产成本或商品销售价格，保住了既定利润回避了价格风险。第三，期货也是一种投资工具。由于期货合约的价格波动起伏，交易者可以利用价差赚取风险利润。

（2）期货投资者的定位

投资者投资期货的目的主要分为以下两种：一种是套期保值，一种是投机套利。套期保值的实现是利用了期货合约上规定未来可以以固定价格买入或卖出投资标的功能。比如说，一个农民担心明年小麦会降价，他就签订期货合约以固定价格在一年后卖出他种的小麦。签订期货合约的双方对期货投资标的未来价格走势的预期不同，因此在签订合约的时刻双方都认为自己是略胜一筹，但是到了合约到期日，最终结果却是一个零和博弈。如果小麦价格降了，那么农民赚了，与其签订合约的投资人亏了；相反，如果小麦价格涨了，那么农民亏了，与其签订合约的投资人赚了。

投机套利的实现是利用了期货合约在未来才产生实际效应的功能，实质上就是投资人与市场赌预期。例如股指期货，如果整个市场都认为未来股指要涨，但是投资人认为未来股指会跌，那么投资人可以卖出期货合约；相反，如果整个市场都认为未来股指要跌，但是投资人认为未来股指会涨，那么投资人可以买入期货合约。最终期货合约到期，结果依然是一个零和博弈，谁的预期对，谁就赚了，预期错的一方则亏了。

期货市场最早在欧洲经济发达地区萌芽，公元前 8 世纪中叶至公元 15 世纪的古希腊和古罗马时期就出现过中央交易场所、大宗易货交易，以及带有期货贸易性质的交易活动。我国早期的期货市场萌芽于晚清，相继历经了"茶会时代"、"公会时代"、直至进入交易所时代。交易所的诞生标志着近代中国期货市场的形成。1848 年成立于美国芝加哥的芝加哥期货交易所是世界上第一家现代意义的期货交易所。上世纪 90 年代，中国各地开始成立了很多期货交易所，1993 年 5 月 28 日，郑州商品交易所成立，标志着新中国的有了期货交易。目前，我国的期货交易涉及农产品、金属和金融多个品种。

11.2 期货的特点

期货投资的第一特点就是以小博大，就是所谓的杠杆交易。什么是杠杆交易？顾名思义，就是利用小额的资金来进行数倍于原始金额的投资，以期望获取相对投资标的物波动的数倍收益率，抑或亏损。宽泛的来说，通过按揭贷款买房也是一种杠杆交易。以首付 1 成为例，一套 100 万元的房产，你只需要首付 10 万元就可以买下了。若是此房产 1 年后上涨到了 120 万元，买房者选择卖出，不考虑税收以及还贷等因素，他在这套房产上的盈利是 20 万元，相比首付 10 万元是 200％的利润，虽然房价仅上涨了 20％。

当然，按揭是柄双刃剑，若是房价下跌了，原先 100 万元的房子只值 75 万元了，而此时若买房者的按揭贷款仍有 90 万元，那么就出现资不抵债的情况了，"负资产"由此而生。标的物是金融产品的期货交易的高杠杆特点更加明显。以 5 年期国债期货为例，其交易保证金仅仅为合约价值的 2％，但是合约价值却高达 100 万元人民币。也就是说，2 万元的初始投资，就可以撬动 100 万元的资产。如果期货价值上升，投资者可以成倍地获益；然而，如果期货价值下降，投资者不但可能赔掉全部初始投资，而且可能资不抵债，深陷泥潭。

期货投资的第二特点是双向交易。即先做多或先做空均可，可以先买入等待后市以更高价格卖出而获利，也可以先卖出等待后市以更低价格买回而获利。例如，玉米 703 合约期价走到了历史高位 1500 元一吨，此时做空，卖出玉米 703 合约 1 手（合 10 吨），期货公司按 10：1 比例扣除你的交易保证金共计 1500 元；当价格回落到 1400 元时，可以买入 1 手平仓，此时每吨获得 100 元的价差，100 元×10＝1000 元就是本次交易的盈利。

期货投资的第三特点是时间限制，即标的物有月份时限，超过时限就不能再交易。

　　总而言之，期货的各方面特点尤其是其高杠杆性的特征对期货投资者的专业知识和投资经验积累提出了较高的要求。没有过硬的技能傍身，进入期货市场之前要三思。

11.3 期货的分类

　　按照期货交易的标的物分类，期货产品可以分为商品和金融两大类。商品期货历史悠久，种类繁多，主要包括农副产品、金属产品、能源产品等几大类。金融期货（FinancialFutures）指以金融工具为标的物的期货合约。金融期货作为期货交易中的一种，具有期货交易的一般特点，但与商品期货相比较，其合约标的物不是实物商品，而是传统的金融商品，如：证券、货币、汇率、利率等。

表 10-1　期货分类表

期货	商品期货	农产品期货
		金属期货（基础金属期货、贵金属期货）
		能源期货
	金融期货	外汇期货
		利率期货（中长期债券期货、短期利率期货）

　　（1）商品期货

　　各国交易的商品期货的品种也不完全相同，这与各国的市场情况直接相关。例如，美国市场进行火鸡的期货交易，日本市场则开发了茧丝、生丝、干茧等品种。除了美国、日本等主要发达国家以外，欧洲、美洲、亚洲的一些国家也先后设立了商品期货交易所。这些国家的期货商品，主要是本国生产并在世界市场上占重要地位的商品。例如，新加坡和马来西亚主要交易橡胶期货；菲律宾交易椰干期货；巴基斯坦、印度交易棉花期货；加拿大主要交易麦、玉米期货；澳大利亚主要交易生牛、羊毛期货；巴西主要交易咖啡、可可、棉花期货。现在的中国期货市场起步于上世纪90年代初，目前上市的商品期货有农产品、有色金属、化工建材等三十多个品种，可以上市交易的期货商品有以下种类：（1）上海期货交易所：铜、铝、天然橡胶、燃料油和锌；（2）大连商品交易所：大豆、豆粕、玉米、豆油；（3）郑州商品交易所：小麦、绿豆、菜籽油、棉花、白砂糖、PTA。交易比较活跃的上市品种主要有铜、铝、大豆、小麦等。

（2）金融期货

金融期货作为期货交易中的一种，具有期货交易的一般特点，但与商品期货相比较，其合约标的物不是实物商品，而是传统的金融商品，如证券、货币、汇率、利率等。金融期货交易产生于上世纪70年代的美国市场。1975年芝加哥商业交易所开展房地产抵押券的期货交易，标志着金融期货交易的开始。目前，金融期货交易在许多方面已经走在商品期货交易的前面，占整个期货市场交易量的80%以上，成为西方金融创新成功的例证。目前已经开发出来的品种主要有三大类：

（a）利率期货，指以利率为标的物的期货合约。世界上最先推出的利率期货是于1975年由美国芝加哥商业交易所推出的美国国民抵押协会的抵押证期货。利率期货主要包括以长期国债为标的物的长期利率期货和以三个月短期存款利率为标的物的短期利率期货。

（b）货币期货，指以汇率为标的物的期货合约。货币期货是适应各国从事对外贸易和金融业务的需要而产生的，目的是借此规避汇率风险。1972年美国芝加哥商业交易所的国际货币市场推出第一张货币期货合约并获得成功。其后，英国、澳大利亚等国相继建立货币期货的交易市场，货币期货交易成为一种世界性的交易品种。目前国际上货币期货合约交易所涉及的货币主要有英镑、美元、日元、加拿大元、澳大利亚元以及欧洲货币单位等。

（c）股票指数期货，指以股票指数为标的物的期货合约。股票指数期货是目前金融期货市场最热门和发展最快的期货交易。股票指数期货不涉及股票本身的交割，其价格根据指数计算，合约以现金清算形式进行交割。

11.4 期货价格的影响因素

11.4.1 商品期货价格影响因素

商品期货的价格不仅受商品供求状况的影响，而且还受其他许多非供求因素的影响。这些非供求因素包括：金融货币因素、政治因素、政策因素、投机因素、心理预期等。

（1）期货商品供给分析。供给是指在一定时间、一定地点和某一价格水平下，生产者或卖者愿意并可能提供的某种商品或劳务的数量。决定一种商品供给的主要因素有：该商品的价格、生产技术水平、其他商品的价格水平、生产成本、市场预期等。商品市场的供给量主要由期初库存量、本期产量和本期进口量三部分构成。

（2）期货商品需求分析。商品市场的需求量是指在一定时间、一定地点和某一价格水平下，消费者对某一商品所愿意并有能力购买的数量。决定一种商品需求的主要因素有：该商品的价格、消费者的收入、消费者的偏好、相关商品价格的变化、消费者预期的影响等等。商品市场的需求量通常由国内消费量、出口量和期末商品结存量三部分构成。

（3）经济波动周期。商品市场波动通常与经济波动周期紧密相关，期货价格也不例外。期货市场价格波动不仅受国内经济波动周期的影响，而且还受世界经济的景气状况影响。在经济繁荣阶段，需求大于产出供给，价格迅速上涨到较高水平。在经济萧条阶段，供给和需求均处于较低水平，价格下跌至较低水平。

（4）金融货币因素。商品期货交易与金融货币市场有着紧密的联系。利率的高低、汇率的变动都直接影响商品期货价格变动。利率调整是政府紧缩或扩张经济的宏观调控手段。利率的变化对金融衍生品交易影响较大，而对商品期货的影响较小。

（5）政治、政策因素。政治因素主要指国际国内政治局势、国际性政治事件的爆发及由此引起的国际关系格局的变化、各种国际性经贸组织的建立及有关商品协议的达成、政府对经济干预所采取的各种政策和措施等。这些因素将会引起期货市场价格的波动。尤其是国际油价与国际政治局势有着很大的联系。

（6）自然因素。自然条件主要是气候条件、地理变化和自然灾害等。中国有句话："看天吃饭"，天气的好坏是保障农产品当年产量的前提条件。不仅如此，有时因为自然因素的变化，会对运输和仓储造成影响，从而也间接影响生产和消费。例如，当自然条件不利时，农作物的产量就会受到影响，从而使供给趋紧，刺激期货价格上涨；反之，如气候适宜，又会使农作物增产，增加市场供给，促使期货价格下跌。因此，期货交易必须密切关注自然因素，提高对期货价格预测的准确性。

（7）投机和心理因素。在期货市场中有大量的投机者，他们参与交易的目的就是利用期货价格上下波动来获利。当价格看涨时，投机者会迅速买进合约，以期价格上升时抛出获利，而大量投机性的抢购，又会促进期货价格的进一步上升；反之，当价格看跌时，投机者会迅速卖空，当价格下降时再补进平仓获利，而大量投机性的抛售，又会促使期货价格进一步下跌。与投机因素相关的是心理因素，即投机者对市场的信心。当人们对市场信心十足时，即使没有什么利好消息，价格也可能上涨；反之，当人们对市场推动信心不足时，即使没有什么利空因素，价格也会下跌。

11.4.2 金融期货价格影响因素

金融期货包括利率期货、货币期货和股指期货三大类。金融期货的价格影响因素有以下四种：

（1）一般物价水准。一般物价水准及其变动数据，是表现整体经济活力的重要讯息，同时它也是反映通货膨胀压力程度的替代指标。一般而言，通货膨胀和利率的变动息息相关，同时也会左右政府的货币政策，改变市场中长期资金供需状况；从长远来看，还会影响货币的汇率；对股票市场的短期和中长期也会产生影响。因此，金融期货的参与者，必须密切关注一般物价水平指标的变化，这些指标的变化都会或多或少的影响金融期货的价格。

（2）政府的货币政策与财政政策。政府的货币政策有调节存款准备金率，调节再贴现率，以及公开市场业务；政府的财政政策有紧缩性财政政策和扩张性财政政策。政府采用的政策方向的变化，会改变市场的货币供应量，对利率水平产生重大的影响，从而影响金融期货的市场价格。

（3）政府一般性的市场干预措施。政府为达成其货币管理的目的，除了利用放松或紧缩银根来控制货币流通量的能力外，央行仍可用其他方式暂时改变市场流通资金供给。这些政策措施都会对金融期货的价格走势产生影响。

（4）产业活动及有关的经济指标。产业活动有关所有商品的供给，也影响市场资金的流动。一般而言，产业活动的兴盛，商业资金和贷款的需求增加，会促成利率的上升；产业活动的衰退、商业性贷款和资金需求减少，利率也随之下降。因此政府机构密切关注着产业活动的变化，并发布各种产业经济活动的报告，作为经济政策施行的依据。同时政府还会出台相关的产业政策来限制或鼓励相关产业的发展。另外，其他的经济指标，如社会失业率，国际收支状况，国际储备等都会直接或间接的影响经济发展，从而影响金融期货的价格。

11.5 期货的创新和发展

美国芝加哥期货交易所（Chicago Board of Trade，CBoT）于 1848 年 4 月 3 日成立，是世界上第一个近代期货交易所。2006 年 10 月 17 日美国芝加哥商业交易所（CME）和芝加哥期货交易所（CBOT）宣布已经就合并事宜达成最终协议，两家交易所合并成全球最大的衍生品交易所——芝加哥交易所集团。合并后的交易所交易品种将涉及利率、外汇、农业和工业品、能源以及诸如天气指数等其他衍生产品。对芝加哥交易所集团的新型期货产品进行分析，可以帮助我们把握我国期货产品创新的方向。

（1）天气期货。天气期货本质上和其他期货的交易原理相同。每个月的开始，期货市场主管机构都会根据过去10年当月的气温情况，为降温度日数或升温度日数确定一个初始值，比如40度（华氏）。为使市场运转起来，指定的"做市商"将接着喊出"出价"和"要价"，前者比初始值稍低，后者稍高，这是投资者可以买进或卖出的度数。芝商所（CME）从1999年开始交易天气指数期货，这是第一个与气温有关的天气衍生品。开始天气指数期货交易后，天气期货合约的流动性增强，并且合约的标准化使价格更加透明，经销商可以更好的抵消风险，获得额外收益。

（2）房地产指数期货。房地产指数期货为房地产市场的主体提供规避住房价格风险的手段。房地产指数期货是与未来某个时点的住房价格指数挂钩的标准化合约交易。希望回避住房价格下跌的银行或者房地产开发商可以卖出住房价格指数期货，一旦房价真的下挫，他们便能以低价抛出持有的期货合约，他们在期货交易中的获利可以部分或全部弥补其在房产贷款和开发中的亏损。芝加哥期货交易所（CBOT）的房地产指数期货的标的物为道琼斯美国房地产指数。道琼斯美国房地产指数主要涵盖了房地产投资信托基金（REITS）。REITS证券代表了美国商业地产市场的整体情况，因为美国房地产的租赁收益率、空置率、投资成本走势以及资产转让价值可以通过REIT股票价格反应。

（3）商品掉期。商品掉期是在两个没有直接关系的商品生产者和用户之间的一种合约安排，通过这种安排，双方在一个规定的时间范围内针对一种给定的商品和数量，相互之间定期得用固定价格的付款来交换浮动价格的付款。掉期用于具有较强的流动性并且已建立有公认国际商品市场的产品，如石油，天然气，同等有色金属及贵重金属等。它不是一种实际商品的交换，在交换商品掉期合约过程中，只有商品价格的差额由商品价格的差额乙方支付给另一方，而没有任何实际商品的交割。

11.6 期货的投资方法

与证券投资类似，个人期货投资的主要渠道也是在期货经纪公司开户，期货经纪公司收取一定的代理费用，根据指令帮助个人投资者买卖期货合约、办理结算和交割手续；管理个人投资者账户，控制交易风险；为个人投资者提供期货市场信息，进行期货交易咨询·充当个人投资者的交易顾问。在综合考虑了期货公司的信用评级和手续费率情况之后，投资者就可以在选定的期货公司开户了。以下以中国国际期货公司为例，简单介绍商品期货和金融期货的开户流程：

（1）无论个人投资者想要进行商品期货交易还是金融期货交易，首先需要开具商品期货账户。商品期货交易开户流程相对比较简单，只需携带本人身份证件和中、农、工、建、交任何一家银行的本人储蓄卡前往期货公司的营业部开户即可。商品期货交易的起始保证金额为 10 万，开户之后的第二日即可开始交易。

（2）想要进行金融期货即股指期货和国债期货交易的个人投资者必须开具金融期货账户。中国金融期货交易所对开具金融期货账户的要求比较严格，具体有以下几条：1）有 10 笔以上的商品期货交易记录；（假设个人投资者第一次参与期货投资）2）储蓄卡的期货保证金账户至少有 50 万元余额；3）通过金融期货交易基本知识测试。期货公司一般会对想要开户的客户进行培训，保证其能够通过此测试。4）评估表打分超过 70 分。此评估表由中国金融期货交易所设计，评估项包括年龄（22—60 岁 10 分），学历（硕士及以上 5 分，本科 4 分，以此类推），交易历史（无违约、穿仓记录等）和交易保证金账户余额在 50 万元以上等。一般情况下，期货公司会尽力帮助不满足评分要求的个人投资者达到开户最低要求。开户之后的第二日即可开始交易。

（3）期货公司的职能是根据客户指令代理期货交易，不能全权帮助客户理财。在手续费率方面，期货公司在四大期货交易所收取的费率基础上增加一个溢价，例如中国国际期货代理国债期货交易的手续费率为中国金融期货交易所国债期货手续费率的 1.8 倍，个人投资者无须重复向四大期货交易所缴付手续费。

11.7 期货的投资策略

每一个期货交易者都必须十分重视期货价格变化趋势的分析和预测。分析和预测期货价格走势的方法很多，但基本上可划分为基本面因素分析和技术分析两种。

（1）基本面分析

（a）供需分析。供给方面要分析：期初库存量、政府储备、本期产量、本期进口量等因素；需求方面要分析：国内消费量和国际消费量。国内市场受消费者的收入水平或购买能力、消费者人数、消费结构变化、商品新用途发现、替代品的价格及获取的方便程度等因素的影响。国际市场需求影响因素包括国际、国内市场供求状况，内销和外销价格比，本国出口政策和进口国进口政策变化，关税和汇率变化等。例如，我国是玉米出口国之一，玉米出口量是影响玉米期货价格的重要因素。

（b）经济周期分析。期货市场价格波动不仅受国内经济波动周期的影响，而且还受世界经济的景气状况影响。经济周期一般由复苏、繁荣、衰退和萧条四个阶段构成。复苏阶段开始时是前一周期的最低点，产出和价格均处于最低水平。随着经济的复苏，生产的恢复和需求的增长，价格也开始逐步回升。繁荣阶段是经济周期的高峰阶段，由于投资需求和消费需求的不断扩张超过了产出的增长，刺激价格迅速上涨到较高水平。衰退阶段出现在经济周期高峰过去后，经济开始滑坡，由于需求的萎缩，供给大大超过需求，价格迅速下跌。萧条阶段是经济周期的谷底，供给和需求均处于较低水平，价格停止下跌，处于低水平上。在整个经济周期演化过程中，价格波动略滞后于经济波动。

（c）政治、政策因素分析。期货市场价格对国际国内政治气候、相关政策的变化十分敏感。在国际上，某种上市品种期货价格往往受到其相关的国家政策影响，这些政策包括：农业政策、贸易政策、食品政策、储备政策等，其中也包括国际经贸组织及其协定。在分析政治因素对期货价格影响时，应注意不同的商品所受影响程度是不同的。如国际局势紧张时，对战略性物资价格的影响就比对其他商品的影响大。

（d）金融货币因素分析。商品期货交易与金融货币市场有着紧密的联系。利率的高低、汇率的变动都直接影响商品期货价格变动。

（2）技术分析

期货的技术分析基于以下三个假设：一是市场行为涵盖一切信息：能够影响某种商品期货价格的任何因素——基础的、政治的、心理的或任何其他方面的——实际上都反映在其价格之中；二是价格沿着趋势移动：对于一个既成的趋势来说，下一步常常是沿着现存趋势方向继续演变，而掉头反向的可能性要小得多；三是历史会重演。

技术分析直接从期货盘面的"多空力量对比"来分析价格走势，相对于其他分析方法，它是最直接的。技术分析之所以重要就是因为所有基本面和资金面的变动最终都要在技术面上体现出来，再大的利多如果不转化为盘面上现实的买单，期货价格就不会上涨，反之再大的利空如果不转化为盘面上实实在在的卖单，期货价格就不会跌下来。所有的一切都要通过技术面买卖双方力量的强弱变化显示出来。

技术分析可以说是"直奔主题"，直接探求投资者最想知道的、与交易盈亏联系最密切的问题——价格涨跌，而不管价格涨跌背后的原因是什么。对于交易来讲技术分析是最实用的，技术分析者有句名言"很多时候投资者不必知道价格涨跌的原因是什么，总爱问为什么的人是聪明的笨小孩"。期货的技术分析方法与股票的技术分析方法类似。

11.8 期货投资注意事项

首先，要注意高杠杆性，防止暴仓。期货交易采用保证金制度，因而投资者仅付出一定比例的押金，就可以控制数倍于押金价值的合约，这样的"好事"往往会让有一夜暴富梦的投资者们头脑发热。然而，如果没有专业的交易知识做基础，保证金损失的速度也会让一些过于乐观的投资者大跌眼镜。因此，在进行大笔交易之前，一定要沉住性子，多做一些小笔的交易，不断积累经验，不要在屡次穿仓、暴仓之后再后悔不迭。

其次，期货投资是一条双程跑道。既可以在行市看涨时做多头获利，也可以在行情看淡时做空头赚钱。对个人投资者来说，采用灵活的投资策略是利用好期货投资的这个特点的关键所在。要想掌握灵活的投资策略，丰富的投资经验的扎实的专业知识依然是关键所在。遭到亏损时要当机立断，中止交易，减少损失；当你的交易头寸得到盈利时，就让它进一步增长。这是一个古老的信条。

第三，期货投资周期短。由于期货市场实行 T＋0 交易，当日平仓通常还有手续费减半的优惠，既是短线投资者的乐园，更是增添了期货投资的魅力。短线的投资要求期货投资者必须实时把握市场动向，无论是以套利为目的，还是以保值为前提，期货投资者都要注意不能指望等到期货公司提醒补交保证金的时候再关注期货市场行情，一定要先行于市场一步，好好利用期货投资资金流转速度快、手续费率低、短线投资收益高的优势。

第四，要先学习，后行动。一些新手常犯的错误，就是他们对市场不甚了解，不肯花点时间观察一下市场是如何运作的，然后再拿他们的钱去冒险。通常人们做一件事情，总要先观察，后行动。一些成功的期货交易者认为，一心想赚大钱不是期货交易的好动机。如果使用交易预测系统进行交易，就应该对交易预测系统进行反复的测试，以便确定有多大的赔钱的概率。他们必须知道他们在方法论上的优势，工作习惯上的优势以及专业化方面的优势。假如他们无法知道这些优势，他们将冒极大的风险。

第五，在交易上不要感情用事。职业交易者强调：要记住，市场不是个人的行为。他们认为，赔钱的交易往往是由于感情用事造成的，一些新手常常忘掉了一切，用感情去交易，他们必然因此而反反复复，缺乏一惯性，而且无法清醒地考虑问题。开发一种交易方法并加以坚持十分重要，如果方法行之有效，纪律和耐心就是赚钱的关键。交易新手容易感情冲动，好的交易员不是这样的。不要坚持认为某个头寸是正确的，并认为市场错了，市场总是正确的，市场同你的意见和头寸无关。

第12章　房地产投资——想说爱你不容易

著名投资大师彼得·林奇有一句名言，"投资任何股票之前，先考虑买房子"。房地产作为一种特殊的商品，不仅具有消费（居住）的功能，同时也是一种投资品。投资品的价值在于其"未来价值"，而这种价值具有难以预测性，从而使得投资有风险也具有较高的回报。我国房地产市场形成较晚，但是发展非常迅速。早些年，在大城市投资房子的人目前已经翻了几倍甚至十倍。房地产似乎成为了中国最好的投资。

12.1 房地产的基本知识

房地产作为一种特殊的商品，不仅具有消费（居住）的功能，同时也是一种投资品。投资品的价值在于其"未来价值"，而这种价值具有难以预测性，从而使得投资有风险也具有较高的回报。股票、债券等金融类投资品在于其所代表的未来现金流量，因为是未来的现金流，具备极大的不确定性和想象空间，从而使其具备了"炒作"的空间。黄金、钻石等实物产品成为投资品在于天然的稀缺性，因为稀少所以人们预期其价格必将继续上涨，从而具备投资的价值。

俗话说，物以稀为贵。只要是稀缺性的东西就会有投资的价值；稀缺程度越高，投资价值就越大。这是市场经济的基本规律。土地天然具有有限性，以及特定地理位置的唯一性，因此，建筑于其上的房产便自然而然地具有了价值。不仅如此，随着人口日益增加，不仅土地总量相对总需求会日益稀缺，更为重要的是，随着城镇化的演进，城镇土地稀缺性的加剧速度更会远甚于一般土地。这就使得从长期看来，房地产，尤其是处于城市核心的房产，天然具有了保值甚至增值的基础。在人口还在继续增长、城市化总体水平不高但已进入加速演进的发展中国家，房地产的保值增值特性就更为明显。这就更加让人们相信，在这样的国家，土地价格只会上涨而不太可能下降，形成了所谓的"土地神话"。

在"土地神话"的诱导下，房地产被认为是最好的投资品之一。知名的基金经理人彼得·林奇在《选股战略》一书中曾提到"投资任何股票之前，先考虑买房子"。如果你现在手中有 100 万，你如何保证其购买力在 30 年后依然不低于现在？买股票有保值增值的功能，但是风险很大，而且，存在巨大的信息不对称，你无法预测一个企业在 30 年之后会不会破产；买收藏品也可以保值增值，但是，不仅一般人没有鉴别能力，而且，收藏品只有收藏价值，而无任何使用价值。因此，一般投资者而言，不会轻易购买收藏品。所以，只有买房子，舍此之外别无良策！一些赚了大钱的山西煤老板到北京一买就是十几套房子，然后就放在那里既不出租也不转让，就是等着需要钱的时候卖一两套房子。

12.2 房地产投资的特点

12.2.1 房地产投资的特点

（1）固定性和不可移动性

房地产投资对象是不动产，土地及其地上建筑物都具有固定性和不可移动性。不仅地球上的位置是固定的，而且土地上的建筑物及其某些附属物一旦形成，也不能移动。这一特点给房地产供给和需求带来重大影响，如果投资失误会给投资者和城市建设造成严重后果，所以投资决策对房地产投资更为重要。

（2）高投资量和高成本性

房地产业是一个资金高度密集的行业，投资一宗房地产，少则几百万，多则上亿元的资金。这主要是由房地产本身的特点和经济运行过程决定的。房地产投资的高成本性主要原因：一方面是由于土地开发的高成本性，土地是房地产的基础，在一些大城市，土地成本占到了房地产价格的大部分。另一方面，是由于房屋建筑的高价值性。由于建筑施工周期一般较长，占用资金量较大，需要支付大量的利息成本。

（3）回收期长和长周期性

整个房地产投资的实际操作，就是房地产整个开发过程。对每一个房地产投资项目而言，它的开发阶段一直会持续到项目结束，投入和使用的建设开发期是相当漫长的。房地产投资过程中间要经过许多环节，从土地所有权或使用权的获得、建筑物的建造，一直到建筑物的投入使用，最终收回全部投资资金需要相当长的时间。如果房地产投资的部分回收是通过收取房地产租金实现的，由于租金回收的时间较长，这样更会使整个房地产投资回收期延长。

12.2.2 房地产和股票的比较

在我国现阶段投资渠道普遍缺乏的情况下，股票、房产无疑是个人投资最重要的两个渠道。然而，在风险与收益并存的投资领域里，人们不禁要问——是买房子，还是买股票？其实，房地产和股票各有其优势，两者都是很好的投资工具，都曾经有过辉煌历史。下面我们从几个方面给予分析和比较。

（1）投资回报。根据统计，美国房地产在 2001 到 2006 年之间平均每年上升 12.4%。标准普尔 500 的股票在这几年里的年增长率为 4.3%。不过，从长期角度看，股票的表现要比房地产好。一项由纽约一所大学教授主持的研究显示，从 1978 年到 2004 年，从房地产与其他 15 种纸上投资产品（如股票，债券，期货等）比较来看，房地产的年增长率是稳定的，但是不是那么激动人心，增长率为每年 8.6%，商业房地产增长率为 9.5%，但是标准普尔股票年增长率为 13.4%。

（2）稳定性。通常人们认为房地产的稳定性远高于股票，因为股票可以一夜之间就变成废纸，而房子却不会这样。股票价格的波动性非常大，而房地产的价格波动却相对比较小。或许有人说这是投资房地产的优势，但是你也要看到，一旦大熊市出现，你在房地产上栽的跟头，可能需要 10 年到 20 年才能翻身。因为房地产的一个涨跌周期太长了。而股票投资即使被套牢，一般 3～5 年基本都可以解套。

（3）杠杆率。房地产投资是在所有投资里面，最容易拿到银行贷款的投资。而且杠杆率很高，前些年美国的房屋贷款基本是 10％的首付，也就是说 10 倍的杠杆。在我国购买房地产的首付比例一般是 30％。你可以用 30 万元买到 100 万元的房子，当房子上涨 30％的时候，你就可以挣到 30 万元，收益率为 100％。高杠杆是无数热衷于房地产投资的人最喜欢鼓吹的东西。需要注意的是，杠杆是个双刃剑，在市场好的时候，它像放大镜一样可以放大你的收益，但是一旦市场转熊，房价崩溃，那将产生出无数的"负翁"！也就是把房子卖了都不够还贷款！而股票的亏损，最多就是亏空本金。

（4）流动性。总体上来说，股票的流动性远远高于房地产。虽然也有一些小盘股，或者不为人知的股票流动性较差的，但是大部分股票的交易，都可以在瞬间完成。而房地产的交易就不是那么的简单了。如果你想卖掉你的房子，起码也要用一个星期。在市场不好的时候，房地产还会出现"有价无市"的情况，房子放在市场上大半年都卖不出去那是很正常的。由于房子有持有成本，如果出现想卖房子却卖不出去的情形，那是一件痛苦的事情。

（5）交易成本。买房地产时，成本包括按揭处理费、信用调查费、险费、验收评估费、律师费、交易税和一些其他费用。在我国，一套 100 万的二手房，交易一次要支付 10 万左右的费用，是整个房价的 10％左右。这还没有将房屋保养、装修、按揭利息等算进去。如果把这些都算进去，前面所得出的房地产年增长率还要低得多。而买卖一次股票全部算上也不会超过 1％，如果是买卖基金，手续费就更低了。

（6）持有成本。房地产的持有成本，每年差不多是房屋价格的 8％。

假定你还清了所有贷款，依然还要支付物业管理费和取暖费等。将来可能还要交物业税。在美国这个持有成本依然有3％，因为美国的地产是要征税的。此外，还有折旧的问题，若干年后出售房子的时候，往往需要花一笔不少的钱翻新装修。而股票不存在折旧问题。因此，拥有房产你就一定会有费用的支出和折旧的考虑。不过房屋具有稳定的租金收入，用租金收入的一部分支付这些费用。费用大于租金收入的情况是相当少见的。这种机会一般只会出现在房地产市场大熊市的底部，在房价被极度打压，没有人愿意买房子的时候。

（7）管理成本。房子需要花长时间管理，买卖房子和出租、维修都需要耗费精力，还需要和租客打交道，如果卧室很多而且分租，就更加麻烦。更严重的，碰上难缠的房客，那个是真头疼了。股票一旦买入，那就是这个公司的所有员工在为你工作，分红也是自动的打入你的账户。房子要是买了不同城市的，和租客打交道就更加的麻烦。但股票可以足不出户就轻松的买到世界各地的公司。当然，如果你是做短线交易，每天眼都不眨地盯着K线图，频繁的买进卖出，那就另当别论了。

（8）使用价值。不管怎么样，就算投资失败，房子还是可以住人的，而股票就什么用都没有了。

综上所述，股票在回报，分散性、市场效率等方面都比房地产要好；但是房地产在杠杆效应、投资稳定性等方面比股票要强很多。从管理成本和交易成本讲，股票具有优势，但是从资产定价和使用价值等方面，房地产投资有长处。那么，作为一个普通的投资者，我们应该怎样选择呢？这时候，我们就应该分析一下当时的经济形势，看看股票市场和房地产市场中的一些指标，然后确定选择什么进行投资。

12.3 房地产的分类

房地产是房产和地产的总称。其中，房产指各种明确了权属关系的房屋以及与之相连的构筑物或建筑物，例如普通的城市居民住房就属于房产。地产是指明确了土地所有权的土地，既包括住宅或非住宅附着物的土地（以及各地段），又包括已开发和待开发土地。

（1）根据交易对象分类

从交易对象区分，房产市场可划分为住宅市场与非住宅市场两大类。住宅市场是房产市场的主体，根据住宅的档次，可细分为豪华型、舒适型、经济实用型和保障型四个不同层次的市场。非住宅用房市场进而可细分为办公、商用、厂房、仓库等具体市场。

（2）根据房产流通程度分类

房地产一级市场又称土地一级市场（土地出让市场），是土地使用权出让的市场，即国家通过其指定的政府部门将城镇国有土地或将农村集体土地征用为国有土地后出让给使用者的市场。二级房地产市场，又称增量房地产市场。是指生产者或者经营者把新建、初次使用的房屋向消费者转移，主要是生产者或者经营者与消费者之间的交易行为。三级房地产市场，又称存量房地产市场。是购买房地产的单位和个人，再次将房地产转让或租赁的市场。也就是房地产再次进入流通领域进行交易而形成的市场，也包括房屋的交换。

（3）根据产权分类

大、小产权房的争议不在房屋所有权上，而是土地使用权，是一个具有中国特色的产权。房屋产权即房屋所有权，是指对房屋的行使占有、使用、处分、收益的权利，从概念上讲是没有大小之分的。但由于我国的一些特色，所谓的"大产权"和"小产权"，只是一种社会上较为通俗的说法。大产权房就是购房者既有了《房屋所有权证》，也有了《土地使用权证》。可以合法的进行二手房交易，买的房建在合法的建筑用地上。大产权房具有占有、使用、收益和处分四项完整的权能。

"小产权房"是指在农民集体土地上建设的房屋，未缴纳土地出让金等费用，其产权证不是由国家房管部门颁发，而是由乡政府或村委会颁发，所以叫做"乡产权房"，又叫"小产权房"。这种房没有国家发的土地使用证和预售许可证，购房合同国土房管局也不会给予备案。所谓产权证也不是真正合法有效的产权证。和一般意义上的商品房相比，"小产权房"没有土地出让金概念，也没有开发商疯狂的利润攫取，所以，"小产权房"的价格，一般仅是同地区商品房价格的 1/3 甚至更低。

【案例】1994 年全国各地的画家入驻北京通州区的宋庄，购买农民的集体土地或宅基地（小产权房）。由于房价飞涨等多方面原因，一些农民开始反悔卖房，起诉买房的画家。2007 年 7 月，画家李玉兰第一个接到了一审败诉判决书，法院判决购房合同无效，要求原房主按照评估价给李玉兰 9.3 万元补偿款，李玉兰于判决生效 90 日内腾房。2007 年 12 月，北京市二中院终审首次认定"画家村"农村房屋买卖合同无效，但判决中指出合同无效主要责任在于农民反悔，李玉兰可就赔偿问题另行主张。

12.4 房地产投资的创新和发展

随着我国经济的快速发展，我国房地产业正呈现出日益迅猛的发展态势，强力推进着我国房地产金融的创新。房地产投资基金——一个具有百年历史、五十年发展历程的国际金融新工具，在中国开始受到越来越多的关注。

房地产投资基金是指以房地产投资为目的，以发售基金份额的方式向社会公众或者特定对象募集资金，并形成独立的基金财产，基金财产交由基金管理人按照资产组合方式管理，由基金托管人托管，基金份额持有人按其所持有份额享受收益和承担风险的集合投资活动的组织形式。从本质讲，房地产投资基金是房地产投融资工具的一种，基于信托的财产管理制度基础，在投资基金与信托的比较中可以明显地体现出来。这就是常常把房地产投资基金称为房地产投资信托或房地产投资信托基金的原因。

在法律层面，房地产投资基金分为公司型和契约型两种，其运作模式体现出信托的原型特征。公司型投资基金在法律构造上由投资者、投资公司、基金管理人和基金托管人四方当事人组成。这四方当事人间存在两层互动的法律关系：一是发生在投资人和投资公司之间的纯粹的股东与股份公司的关系，两者的权利义务关系由《公司法》予以调整，投资收益和盈利由投资公司分配给投资人；二是发生在投资公司、基金管理人和基金委托人之间的信托关系。三方当事人的关系如同信托制度中信托人、受托人和受益人的关系。其中，投资公司兼具信托人和受益人的双重身份，基金管理人和基金托管人为共同受托人。

契约型投资基金依据信托契约成立，由信托者（管理者）、受托者（托管者）和受益者（投资者）三方构成。投资基金依据规定三方权利和义务的《信托契约》进行运营。契约型投资基金本身不具有法人资格，投资者的出资额全部置于受托者的管理下，信托者代替投资者就信托资产的投资内容向受托者发出运用指示。从契约型基金的运作模式上看，它在法律构造上的经理人、托管人、投资人，三方当事人如同信托制度上的三方当事人，其中，经理人为信托人（特别指出：信托原理上的信托人处于超然地位，而经理人却负有某些受托人的义务，这是立法与原理不一致之处），托管人为受托人，投资人为受益人。

REITs 是 "Real Estate Investment Trusts" 的缩写，国内的研究有些称为"房地产投资信托"，有些称为"房地产投资基金"，也有些称为"房地产投资信托基金"。为防止歧义，本文采用其英文简称 REITS。REITS的理念起源于美国，其前身是 19 世纪中叶美国马萨诸塞州的商业信托。1960 年，为了使大众能够分享房地产发展的收益，为中小投资者参与商业性不动产投资提供便利，艾森豪威尔总统签署了《1960 年房地产投资信托法案》，给予 REITS 税收上的优惠，并允许其上市交易，解决了传统的房地产资产难以流动的问题。1961 年，第一家 REITs 正式成立。

根据美国的《国内收入法》（Internal Revenue Code），REITs 是指满足以下条件的一种组织：（1）由一个或多个受托人或者董事进行管理；（2）股票或受益凭证可以转让；（3）和法人一样可征税的实体；（4）至少有 100 名股东；（5）在前一个税收年度的下半年，少于 5 人的股东或受益人持有的股份或受益凭证不得超过 50％（即 5/50 规则）；（6）总资产至少有 75％投资于房地产；（7）除政府债券外，持有单个发行人的证券不得超

过 REITS 总资产的 5%，且不得超过单个发行人已发行在外的具有投票权
证券余额的 10%；（8）由应纳税 REITS 子公司股票构成的资产不超过
REITS 总资产的 20%；（9）与房地产管理和处置相关的收入必须占总收入
的 75% 以上；（10）每年 90% 以上的应税收入必须作为股利分配给股东。

总结 REITs 的上述特征，REITs 可以定义为：一种采取公司或者商业
信托的组织形式，集合不特定的多个投资者的资金，由专业的投资管理机
构，以多种方式运用于房地产投资领域，并将绝大部分收益分配给投资者
的一种投资机构。

12.5 房地产的投资方式

12.5.1 投资一手房

首先，从看好房子开始讲。去售楼处交订金，并同时签订商品房认购
书和确定签署正式合同的时间。这期间特别要注意详细查看开发商提供的
"五证"及相关文件。五证是指房地产商在预售商品房时应具备《建设用
地规划许可证》、《建设工程规划许可证》、《建筑工程施工许可证》、《国有
土地使用证》和《商品房预售许可证》。老百姓对于五证不全的房子，不
要轻易购买，以防上当受骗。

第二步，按照约定时间与开发商签订正式的购房合同，按合同约定的
付款方式交纳购房款项（或办理按揭贷款）。需要办理按揭贷款的，签订
购房合同后，向银行提供按揭贷款资料，包括：身份证及复印件、户口本
及复印件、收入证明（加盖单位公章）、如已婚，还要提供配偶的以上证
明、结婚证等证明材料。银行审核通过后会进行放款，此时需要到银行索
取每月还款单。

最后，房屋竣工验收合格后，开发商提供"入住通知书"及"收楼须
知"，销售部、物业公司财务部、管理处到现场集中办公，着手办理业主
入住手续。业主办理入住手续同时应携带相应的证件、购房合同，领取

《住宅使用说明书》、《住宅质量保证书》，与物业公司签订《物业管理公约》并按规定交纳首期物业管理费等费用。

12.5.2 投资二手房

（1）购买二手房一般需要通过房屋中介公司，也可直接与卖方协商。不论通过哪种途径，作为购房者一定要深入了解房屋整体现状及产权状况，要求卖方提供合法的证件，包括房屋所有权证书、身份证件及其他证件。如卖方为已婚人士，需要夫妻双方同意。

（2）如卖方提供的房屋合法，可以上市交易，买方可以交纳购房定金（交纳购房定金不是商品房买卖的必经程序），买卖双方签订房屋买卖合同（或称房屋买卖契约）。买卖双方通过协商，对房屋坐落位置、产权状况及成交价格、房屋交付时间、房屋交付、产权办理等达成一致意见后，双方签订至少一式三份的房屋买卖合同。

（3）买卖双方共同向房地产交易管理部门提出申请，接受审查。买卖双方向房地产管理部门提出申请手续后，管理部门要查验有关证件，审查产权，对符合上市条件的房屋准予办理过户手续，对无产权或部分产权又未得到其他产权共有人书面同意的情况拒绝申请，禁止上市交易。

（4）立契。房地产交易管理部门根据交易房屋的产权状况和购买对象，按交易部门事先设定的审批权限逐级申报审核批准后，交易双方才能办理立契手续。

（5）缴纳税费。个人购买二手房主要税费包括：营业税、个人所得税、契税、印花税和中介机构的佣金。其中，营业税的税率为5.55%，个人所得税为所得额的20%，契税税率为1%～3%，印花税为0.05%，中介机构的佣金为交易额的1%～3%。

（6）办理产权转移过户手续。交易双方在房地产交易管理部门办理完产权变更登记后，交易材料移送到发证部门，买方凭领取房屋所有权证通知单到发证部门申领新的产权证。

（7）对贷款的买受人来说，在与卖方签订完房屋买卖合同后由买卖双方共同到贷款银行办理贷款手续，银行审核买方的资信，对双方欲交易的房屋进行评估，以确定买方的贷款额度，然后批准买方的贷款，待双方完成产权登记变更，买方领取房屋所有权证后，银行将贷款一次性发放。

（8）买方领取房屋所有权证、付清所有房款，卖方交付房屋并结清所有物业费后双方的二手房屋买卖合同全部履行完毕。

12.6 房地产投资的策略

12.6.1 如何投资住宅

与商业用房相比，投资住宅一般比较安全，只要区位不是特别偏远，升值会比较稳定。需要注意的是，你首先要看房子的位置、户型和目前的周边环境，同时还要设法了解城市的规划，选择那些规划规模较大、基础设施完善的项目进行投资，因为这类项目一旦开发建成之后，房产的价格肯定会比你购买时的价格高出很多。

技巧一：购买好地段的房子。李嘉诚先生对房地产的金科玉律是"地段、地段还是地段"。包括潘石屹在内的很多业内人士都认为，地段的好坏决定了房产能否升值。看一个区域的潜力不仅要看能否升值，还要看发展。如果购房者在一个区域各项市政、交通设施不完善的时候以低价位购房，待规划中的各项设施完善之后，则房产大幅升值就很有希望。但地段是先天的，只有把产品真正做出特色来，才是最重要的。如果经济条件允许的话，购房者最好还是购买地段好一些的房子。

技巧二：购买学区房。为了孩子能读个好点的学校，许多父母都提前想办法，买一套相应学区的小户型房产，同时也是一种房产投资。学区房的优势在于地段，这也是考察房产的关键。其价值一部分正是因为地段因素。如买学区房，在房价低位有价格优势时，当然是最划算不过的。若举家搬过去，还便于照顾孩子的日常生活学习。等到孩子毕业房子闲置时，完全可以出售或出租。一般来说，只要不是房价特别低迷，因学区房的稀缺性，较其他房子更容易出售，也容易出租。

技巧三：购买有发展潜力的房子。有不少购房者，在选择商品房时，以选择郊区或新区的住宅为目标。随着城市的发展，一些郊区的环境和配套会逐步跟上，成长为成熟的社区。他们虽然目前的环境配套还不完善、价位也没有城市中心高，但是，这种成长性是城市中心的房子无法比拟的。在很多发展中的新型城市，购买郊区同样面积一套市中心住宅，其价格相当于购买郊区（或新区）住宅加上轿车，且居住环境、增值潜力等均要比购买市中心住宅优越。这样也是一种很精明的选择。

技巧四：购买小户型房产。小户型最重要的特点是区位好、低总价、低首付、租售比高。小户型虽然单价不低，但由于其面积较小，从而很好地控制房屋的总价。如果选择按揭方式付款，其首付也就相应的较低，月供也就比较少。小户型房屋的租金与较大户型的租金相比，单位租金更高。因此，小户型投资者可以用相对低的投入获得相对高的投资回报率。小户型楼盘的位置均靠近市中心，其位置的无可复制性将带动楼盘本身的增值。如果资金不足，又想投资房地产，可以考虑选择小户型。

技巧五：关注限购政策。为防止房价过快上涨，近年来全国很多的大城市都出台了限购政策，规定一个家庭只能购买一套或两套房。对于"限购令"等房产调控政策，我们可以用已满18岁的孩子名义购房，也可请熟悉的亲戚朋友代持。通过注册公司，以公司名义购房也是不限购的。也有一些人通过假离婚、假登记、假社保等方式规避房产调控。在北京等城市，由于有些购房者没有连续5年的纳税或者社保证明，一些人就设法办理假的证明或假的身份证。这些办法风险都很高。

12.6.2 如何投资商铺

商铺投资大致分为两类：一类是用以出租或转手出售赚取收益；另一类是作为资金保值并升值的手段。

技巧一：商铺投资的目的。考虑到通货膨胀、货币贬值、利息下调等问题，银行储蓄收益少；而股票、债券、期货市场摇摆不定；纯住宅投资回报低，在一些城市还受到限购政策的限制，而商铺投资具有长期性和稳定性。此外，有相当一部分自营性质的经营商，为店铺的保值和业务的长期发展而选择购买店铺的策略。尤其是在中心商圈的店铺更受他们青睐，比如设立形象店、旗舰店，展示企业实力、提升企业形象。

技巧二：选定投资方向。根据商铺类型和所在区域可将投资方向划分为：纯商业区店铺、办公楼底商、住宅底商。一般而言，办公楼底商是作为配套使用的，总面积少，价格比较低廉。住宅楼底商一般是为居民区服务，规划布局简单、硬件设施不全、保安系统薄弱，所以价格虽然相对低，但是收益不明显、风险相对更高。纯商业区内的店铺租售容易、投资收益明显、回收年限相对短，所以倍受青睐和追捧。

技巧三：看准时机就出手。一般来讲，开发商都会采取预售的形式进行销售。预售也就是期房，此时的价格是相对实惠的，这时购买比较划算。但是必须综合考察开发商的实力和建设周期，因为签署合同后，购买者就要开始还款，而此时尚无法经营或出租，有一段时间是没有收益的。随着工程进度逐渐加快，开发商一般都会涨价。尤其是中心商圈内的店铺，开发商是"皇帝的女儿不愁嫁"。看准项目前景，及时出手，抢先一步往往能占尽先机。

技巧四：选择铺位的位置。目前很多商铺投资者往往都陷入一个误区：过分讲究商铺的位置也就是通常所说的"地脚"。实际上，一个成熟的休闲购物中心，地脚已经逐渐被淡化。因为有足够优越的购物环境、有效疏导人流的室内步行街，所有的店铺都已经成为一个整体，关键就在于自己的经营特色是否能吸引住人。当然，室内步行街交叉处、主入口处和SHOPPINGMALL共享空间的店铺因为先天条件好，每一个逛商场的人都会经过，所以更受追捧，但是相对价格会更高，所以选择时也必须全面权衡。

技巧五：看准你的合作伙伴。商铺投资非常讲究"群羊效应"，也就是看主力店。一般来说，经过多年发展、有成熟商业运作经验的商界巨头进驻，都会带来旺盛的人流。同时，选择邻居的另一方面就是要看商场的整体经营业种。只有提供全面的物品，消费者才会长时间停留，而小店铺的业主则可完全分享这些巨头们的成熟经验，更重要的是可以分享人气。

技巧七：选择有发展前景的商圈。每一个城市都有自己的商业坐标，比如北京的王府井、上海的南京路、南京新街口、广州的中山路北京路、深圳的老街。它们都是城市中古老的中心商圈，无论世事如何变迁、商圈如何更替，这里的商铺始终都在乐呵呵地赚钱。

12.6.3 如何投资写字楼

写字楼虽然会有较高的投资回报率，但同时，由于写字楼投资总价高，变现期长，对于投资者来说就需要理性地分析，谨慎投资。

投资技巧一：算好投资回报率。投资写字楼的主要功能是出租。而租金收入的高低是决定项目好坏的重要标准。根据现在通用的计算公式：购入再出租的投资回报率＝月租金×12（个月）/售价。例如，现有一处写字楼，面积约110平方米，售价约为7000元/平方米，根据此处写字楼周边的物业分析得知，月租金约为4000元，计算得知，这处写字楼的投资回报率为6.2％。一般写字楼的租金回报率不应该低于6％。

投资技巧二：选好地段和物业。投资写字楼有三类人群：想改善办公环境的公司、中小企业主、纯投资者。一般认为，写字楼投资特别要看准其地段价值，尤其要注重该地段的发展潜力，诸如其今后是否会有更多的商业房产出现在周围。对于纯投资者而言，其不仅要考虑写字间是否租得出去，还要想好要租给什么人。另外，写字楼所处的交通位置及便利程度也尤为重要。如果地理位置偏远，交通不方便，相对来讲就不适宜投资。如果写字楼周边交通线路发达，价位又合适，那就可以投资。

作为投资型物业，写字楼的增值、保值要通过物业管理服务来实现。物业公司管理的好坏，直接决定写字楼的用水、用电是否顺畅，垃圾清运是否及时，以及车位管理的好与坏等方方面面的问题。相信不会有公司喜欢在脏乱差的环境中办公，因为这不仅会影响到办公的情绪，也会影响到公司的形象。因此选择投资写字楼时，调查物业公司的管理情况亦不容忽视。除此外之，写字楼所拥有的停车位多少也很重要。

投资技巧三：预测投资风险。写字楼出租情况不好的时候，只能闲置。因此，投资写字楼要承担贬值风险。写字楼的贬值大概由两种原因造成：一是写字楼本身所处的地段，由于一些市政或其他类似原因的冲击；二是写字楼所处的区域，在未来几年里涌现出过多的新楼盘，从而对现有写字楼市场构成冲击。

12.6.4 如何投资酒店式公寓

酒店式服务公寓，意为"酒店式的服务，公寓式的管理"。最早源于欧洲，除了提供传统酒店的各项服务外，更重要的是向住客提供家庭式的居住布局、家居式的服务，真正实现宾至如归的感觉。酒店式服务公寓是集住宅、酒店、会所多功能于一体的，具有"自用"和"投资"两大功效的物业，但其本质仍然是公寓。

投资技巧一：租金回报率非常重要。只有租金达到一定的水平，才能满足资产的回报。因此，确保未来有足够的租户需求，并且租户对于租金有足够的承受力，非常重要。

投资技巧二：关注物业本身的品质。物业本身的品质包括能够满足租户的生活便利和工作便利的需求。比如会所、餐厅、购物、商务功能等等，也包括房型、电梯、绿化等配套，又比如离机场火车站近的，就给商务人士带来便利，离大型外资项目近的，就为外籍人士工作带来便利，因为本地人很少会租酒店式公寓住的，当然流动人口中，中低端人群也不会租，都是租普通住宅楼，只有比较高端的商务人士，外籍高管，才有可能租用。

投资技巧三：要物有所值，性价比要高。一方面租价高于住宅，另一方售价又低于住宅，这就是目前大部分酒店式公寓"租金与房价悖论"的尴尬现状。一般而言，酒店式公寓的房价上涨速度比住宅要慢，主要是因为酒店式公寓的客户主要是投资者，而住宅的客户既是自住者，又是投资者。后者的需求显然比前者刚性得多，需求决定价值，更多的需求导致了更高的价格。酒店式公寓的核心是服务与运营模式，管理的好坏直接决定了租金的价格和出租率，也最终影响着物业的升值情况。

12.7 房地产投资注意事项

（1）个人资金实力及租赁市场分析。房地产投资需要大量的资金垫付，如果没有雄厚的资金实力，就不要投资于房地产。在投资前，要在对租赁市场调查的基础上，对租赁市场有一定的把握，避免投资的盲目性。市场价格主要受供求关系影响，所以，投资房地产最根本的还是要看市场的供求状况如何，尤其是租赁市场的需求变动和价格走势。一般住宅的租金回报率应该不低于 3％，非住宅的租金回报率应该不低于 5％。

（2）房产投资品种的选择。目前供个人投资者选择的投资种类主要有住宅、商铺、写字楼等；一般来说，当一个地区的经济出现繁荣和快速增长时，投资商业用房甚至是公寓都会有较好的回报；与投资商业用房相比，投资住宅会比较安全；只要区位不是特别偏远，升值也会比较稳定。

（3）购置投资型房产时应考虑全面。应该综合考虑该项目开发商的实力、地点、周边环境、房型以及物业管理等方面的问题。在选择投资二手房时，尤其要进行全方位的考量。最好要走访一下周围的邻居和物业管理公司，了解清楚房东销售的原因，有没有隐瞒什么问题。在签订购房合同时，要求卖方者限期迁出户口。特别是购买学区房，如果原卖房者的户口不迁出，你的户口就无法迁入，也就享受不了入学的指标。

（4）购置房产后如何进行投资操作。即投资者用现款或分期付款的方式直接向房地产开发商购买住房，并适当装修、装饰后出售或出租，以获取投资回报，是一种传统的投资方式，也是迄今为止住房投资者最常用的一种方式。如何将房产出租出去，寻求合适的租户，按时收取房租，就成为投资者关心的问题。随着房地产中介市场的不断壮大和成熟，客观上也为房地产个人投资带来新的机遇。

（5）个人投资房产承担的风险问题。世界上没有只涨不跌的市场。我们不能只看到中国房地产市场过去的走势，还要看国外房地产市场的经验教训，研究未来的发展趋势。选择房产作为投资工具的同时，要具备对风险的承受力和规避风险的能力。尤其是对于部分以借贷形式投入房产的投资者，更应本着"稳健"的原则，用于房屋住房还贷的比例，不宜超过家庭收入的 40％。

第 13 章　黄金投资——长期配置能保值

　　黄金是一种独立的稀缺资源，不受限于任何国家或贸易市场，它与公司或政府也没有牵连。长久以来，黄金一直是一种投资工具。盛世收藏，乱世黄金。投资黄金通常可以帮助投资者避免经济环境中可能会发生的问题，而且，黄金投资是世界上税务负担最轻的投资项目。纸币的印刷受政府控制，而黄金的产量受到自然的约束。长期持有黄金可以应对通货膨胀。当出现政治动荡、发生通货膨胀时，黄金就是投资的首选。

13.1 黄金的基础知识

　　人类发现和使用黄金的历史比铜、铁等金属要早。在距今 4000－5000 年的新石器时代，黄金就被人类发现。因为黄金本身发出光泽，黄金在拉丁文的意思是"闪耀的黄昏"，在古埃及文字中的意思是"可以触摸的太阳"。因为其本身具有良好的稳定性和稀有性，黄金成为贵金属，被人们作为财富储备。由于黄金具有特殊的自然属性，被人们根据自己的需要赋予了社会属性，也就是货币功能。

　　货币天然不是金银，但金银天然就是货币。19 世纪末 20 世纪初，各资本主义国家普遍实行金本位制，黄金在国际上是硬通货，各个货币都按其所含黄金重量形成一定的比价关系。经历一战、二战，国际黄金分配极度不均，于是，在二战结束后的 1944 年，美国邀请联合国 44 国政府在布雷顿森林举行会议，签订了布雷顿森林协议，建议了金本位制崩溃后一个新的国际货币体系，即美元—黄金本位制。

随着经济的发展和国际贸易的扩大，黄金作为货币的手段逐步削弱。1976 年，国际货币基金组织通过《牙买加协议》确定了黄金的非货币化，但是这个过程并没有使黄金完全退出货币领域，黄金仍然是重要的资产储备手段。目前黄金仍然是世界上可以接受的继美元、欧元、英镑、日元后的第五大硬通货。

从黄金的发展历史可以看出，黄金自古就是财富的象征，是财富的最高表现形势。作为一种永恒的财富，黄金不依赖任何政府、机构和个人信用，而是在人类历史发展过程中自然形成的价值等价物，这已经超越了任何国家、民族、社会、政治、宗教信仰的差异，在世界范围内的任何国家和地区，黄金都可以转换成货币，实现现实购买力的价值。

由于黄金价格相对稳定，急涨急跌较少，因此相对更安全。黄金市场属于全球性的投资市场，难以出现做市的庄家，现实中，也没有哪个机构有足够的实力来操纵黄金价格，这也为黄金投资者提供了很大的投资保障。在国际市场上，当所有其他金融资产价格上涨时，黄金往往不会随之上涨；而当其他金融资产价格下跌时，黄金价格反而会上涨。因此，黄金是重要的投资避险工具，在投资理财的各品种中具有独特的意义。

13.2 黄金的特点

作为内在价值最稳定的金融投资产品，黄金具有较强的保值增值功能，是个人投资者构建资产组合时不可或缺的品种。在目前资本证券市场行情波动较大、利率市场化改革迫在眉睫的情况下，黄金具有良好的抵御通货膨胀功能。黄金投资具有以下独特的优势：

（1）黄金是对抗通胀的天然武器

通常情况下，抵御通胀的最佳策略是将货币转换为实物投资，如房地产和黄金，但是目前投资房地产所需的资金量巨大，且受政策影响较大，变现能力弱，交易周期长，而黄金投资所需资金量小，变现和交易都相对更容易。此外，货币会因通胀而贬值，但黄金不会。因此，黄金因其天然抗通胀的特性受到投资者的青睐。在极端情况下，货币会像纸一样一文不值，而黄金任何时候都不会失去其天然的货币功能。

（2）黄金投资的税收优惠

黄金投资是世界上税赋负担最轻的投资项目，其交易过程中所含的税收项目只有进口关税。在我国，购买投资性金条、金币比购买黄金消费品在税收方面要少缴增值税和特别消费税，相比之下，其他投资方式都难免有一些容易被投资者忽略的税收项目，如股票交易的印花税、房产投资的土地使用税及可能到来的房产税。黄金的投资性价比无疑在税收方面占有很大优势。

（3）产权转移的便利

黄金能够自由转让，作为遗产也便于继承，没有类似房地产和股票转让的过户手续，或其他法定登记制度。在黄金市场中，任何人都可以从公共场合购买黄金，而且黄金市场具有全球性的特征，这也使投资者随时都可以从事各种形式的黄金买卖投资。

（5）黄金的优良抵押品特征

黄金是国际公认的优良抵押品，是世界性的硬通货。在典当黄金时，只需要一份黄金检验纯度的证明，就可以给予所抵押黄金价值额度90％的短期贷款，而股票、珠宝首饰、金表等物品，其最高的贷款限额也不会高于70％。但在银行进行黄金抵押则略有不同，如香港银行就不接受黄金作为抵押品，但在欧洲等黄金文化较浓厚的地区，银行都很欢迎用黄金进行贷款，而且贷款的比率常常可以达到100％。

（6）黄金的永久保值属性

由于黄金特有的物理和化学性质，随着时间的增长，黄金不易被腐蚀或氧化，其质地不会随着时间的变化而发生变化。由于其恒久的保值属性，黄金的价值也得到了国际的承认，从古到今黄金在世界经济史上扮演着重要的角色。

虽然黄金具有以上重要优势，但对黄金的投资仍需谨慎，金价也有缩水的风险，对黄金的投资不能盲目。作为投资的一种保值方式，百姓可以购买一定比例的黄金作为资产配置的工具，但比例不宜过高。此外，为了分散黄金投资的风险，投资者可以有策略地分时段买入黄金，以便充分实现黄金的优势，规避黄金投资的不确定性。

13.3 黄金投资的分类

13.3.1 实物黄金

实物黄金包括金条、金币和金饰等，由于金币、金条在交易过程中不涉及其他成本，而且还可以随时变现，因此是实物黄金投资的理想选择，我国当前的实物黄金投资品种主要由高赛尔金条、龙鼎金、如意金、贺岁金条等。实物黄金还可以抗击通胀，保值增值，但是，实物黄金会占用部分现金，而且保存实物黄金也有成本和风险。投资实物黄金的收益只能通过买卖黄金取得，但是持有实物黄金不会产生利息。

（1）金条。金条可以分为投资性金条和纪念性金条，投资性金条主要以 AU99.99 成色的标准金条为主，比如工行的如意金、建行的龙鼎金以及高赛尔金条等，而纪念性金条一般都有题材、发行量的限制，如中国银行和农业银行于 2009 年发行的建国 60 周年纪念金条。投资性金条的价格与国际金价同趋势变化，而纪念性金条由于经过加工，单位重量的价格比投资性金条要高，因此，如果注重投资收益，成本较低的投资性金条较合适，如果注重收藏鉴赏价值，纪念性金条更合适。

（2）金币。金币也可以分为纯金币和纪念性金币两种，纯金币的价值基本与黄金价格一致，出售时溢价程度不大，但纯金币具有鉴赏价值、流通变现能力和保值能力。相比较，纪念性金币在黄金原料价格的基础上有较大幅度的溢价，具有较大的增值潜力，适用于长期的持有和投资。此外，投资纪念性金币具有一定的难度，不仅要对品相鉴定、发行数量、纪念意义和市场走势有深入了解，而且要尽量选择信誉度好的机构进行交易，有时，市场短期的价格炒作会导致纪念性金币价格暴涨。

（3）饰金。日常生活中作为首饰的金，并不是纯金，因为纯金较软，经不起摩擦。厂家在制作黄金首饰时，往往会加入一些其他贵金属，以增强饰品的硬度。饰金由于价格较为容易被大众接受且造型变化多样，一直受到大众的青睐。饰金主要功能在于鉴赏和装饰，一般不作为实物黄金的投资品种，其回收时往往会导致损失，这是由于饰金本身有部分价值在于加工成本、品牌宣传、运输及鉴定费等，但它仍然具有一定的变现能力和套利潜力。

13.3.2 非实物黄金

（1）纸黄金。纸黄金顾名思义就是黄金的纸上交易，除了常见的黄金储蓄存单、黄金交手存单外，还包括黄金账户存折、黄金债券、黄金提货单等，目前国内较为典型的如中国银行的"黄金宝"、工商银行的"金行家"、建设银行的"账户金"。与股票债券等的获利方式类似，纸黄金的盈利模式也是低买高卖。若投资者看好后市，可买入纸黄金，但也要注意节约控制交易成本。

纸黄金的优点在于：入市门槛低，交易起点为10克，约2000元人民币，开户及交易过程简单，可以直接在账户上交易，没有储存及鉴定问题，变现较为便利，交易方式也多样，包括柜台、电话银行、网上银行等，但纸黄金是记账式黄金，不能变现实物黄金。因此没有抵御通胀的功能，其手续费也比实物黄金要高，对它的买卖也需要一定的专业知识。

（2）黄金基金。黄金基金是由基金发起人成立，由投资人出资认购，基金管理公司专门负责具体投资操作，专门以黄金或黄金类衍生交易品种作为投资目标。黄金基金的效益取决于基金管理团队和基金经理的操作水平。投资黄金基金的优势在于：可以分散投资风险，降低资产波动性，可以借用专业的管理团队，节省自己的时间和精力，但黄金基金在选择经理上较为困难，其实际运作过程中也会出现信息不对称的风险。

（3）黄金ETF基金。这是一种以黄金为基础资产，追踪现货黄金价格波动的金融衍生产品，可以在证券市场交易。因黄金价格较高，黄金ETF

通常以 1/10 盎司为一份基金单位，每份基金单位的净资产价格就是 1/10 盎司现货黄金价格减去应计的管理费用。其在证券市场的交易价格或二级市场价格以每股净资产价格为基准。

2013 年，华安和国泰基金均发行了黄金 ETF，其中，国泰基金发行成立的为国泰黄金，华安基金发行成立的为黄金 ETF，两只黄金 ETF 都将以不低于 90％的资产投资于上海黄金交易所场内的黄金现货合约，以追踪国内黄金现货价格的走势。投资者购买黄金 ETF 基金不仅可以像股票、封闭式基金一样在二级市场交易，也可以在一级市场申购和赎回。

（4）黄金股票。黄金股票是金矿公司发行的股票，投资黄金股票就是直接投资金矿公司，相当于直接投资实物黄金。股票的收益当然与金矿企业的收益紧密相连，而金矿企业的收益又与其金矿资源、开采技术、工艺水平、管理水平和营销手段等因素影响。因此，当金价上升时，黄金股票的价格涨幅往往大于黄金价格变动。投资黄金股票需要密切关注金价的走势，将股票投资的专业知识与黄金投资结合起来。

（5）黄金保证金交易。在黄金保证金交易中，投资者不需要全额付款，只需按黄金交易总额支付一定比例的保证金，黄金保证金交易有黄金期货保证金交易和黄金现货保证金交易。黄金期货保证金交易以美国纽约商品交易所和纽约商业交易所为代表，交易标的是标准化的黄金买卖合约，约定双方在未来的某个时点以某价格进行黄金实物交割，该交易的投资者一般与伦敦五大金商（罗富齐、金宝利、万达基、万加达、美思太平洋）进行交易。

（6）黄金期货。黄金期货与其他商品期货合约类似，通常情况下，黄金期货购买者和销售者都会在合约到期日前，出售或回购与先前合约相同数量的合约而平仓。与黄金保证金交易类似，黄金期货的投资者也只需交纳一定数量的定金作为投资成本，黄金期货交易市场存在强行平仓制度，投资者因此需要合理建仓、平常那个，切忌满仓操作。

（7）黄金期权。黄金期权的买方向卖方支付一定数量的期权价格，然后拥有在未来一段时间内或特定日期以约好的价格向卖方购买或出售一定数量黄金的权利，但不负有必须履行的义务。与其他期权类似，黄金期权分为看涨期权和看跌期权。投资黄金期权同样具有较大的杠杆性，且属于标准化的合约，其风险事先也可锁定。

13.4 黄金投资的创新和发展

黄金具有良好的抗通胀性和保值性，其价值的直接表现形式即为其单位之内的货币价格变化，被誉为抗通胀最佳投资工具和避险工具。通货膨胀的主要表现形式为商品价格指数的大幅上扬及实际利率的降低。除通货膨胀后的实际利率是持有黄金的机会成本。实际利率为负的时期，黄金的金融属性尤其是保值避险功能得到充分发挥。

从历史上看，当出现战争、经济危机或者一些突发事件时，世界上的大部分地区会出现高通胀或者预期高通胀，实际利率降低，世界商品价格指数上升，国际市场的金价就会上涨。例如，20世纪共出现了三次商品大牛市（1906—1923年、1933—1953年、1968—1982年），平均每个牛市持续17年左右。在这三个商品大牛市期间，相伴的是美国股市的长期熊市和长期的通货膨胀，实际利率大幅降低，绝大部分时间低1％，人们购买黄金的意愿增强，金价出现了几次较大的上扬。而在1980年代和1990年代，实际利率的均值在1％以上，世界商品价格维持在较低水平，金价则在底部进行了漫长的盘整。而从2001年的9·11事件开始，全球经济通胀明显，实际利率又降至1％以下，黄金走强的序幕也被拉开。

从以上的几轮行情可以看出，在商品价格指数上升，通胀情况下的实际利率较低时，黄金就彰显其保值功能，但是当商品价格指数由于世界经济形势或突发的政治事件变化（通货紧缩）而逆转时，黄金价格也随之大幅缩水跌入谷底，其现货交易的单边买卖方式已经无法满足由此而产生的系统性风险。从上世纪90年代开始的国际金融自由化推动了金融衍生品快速发展，金融和投资工具的创新不断，股票、债券等有价证券成为投资者的新宠，其收益率远远超过了单边交易的黄金现货，现货黄金的投资已经无法满足现代全球经济波动下的金融创新投资需求，黄金的投资价值被弱化。

黄金期货作为黄金和期货的衍生品，为黄金的交易发展开辟了一个新的天地。兼具金融属性和商品属性的黄金期货一经推出，其风头就远远盖过了黄金现货和其他商品期货品种。2005 年仅纽约商品交易所、芝加哥商品交易所和东京商品交易所等 3 家的黄金期货交易量就高达 6.7 万吨，是当年全球实金交易量的 16.7 倍。而 2006 年，这一数字更突破了 10 万吨，是当年全球实金交易量的近 25 倍。

黄金期货市场除了以规避价格风险的投资者外还存在以盈利为目的的投机者，众多的参与者使得黄金期货市场充分发挥期货市场的价格发现功能，期现套利、跨期套利、跨市套利、互换套利等新的投资工具大大拓宽了投资者避险的途径，这是投资者在现货金市场中难以做到的；同时传统实金投资盈利的途径是随着金价浮动买卖，而黄金期货可以买空卖空，做双边交易盈利，增强了黄金市场发现价格和锁定价格的功能，而且可以通过期货与现货的对冲交易规避价格风险，极大地丰富了黄金交易的内涵和价值。

黄金期货增加了黄金投资的渠道，同时也丰富了全球期货市场。以芝加哥商品交易所（COMEX）黄金期货为例，其合约价值与 COMEX 铜期货基本相当，但是将 1990 年到 2007 年 8 月 COMEX 黄金期货和铜期货交易量的进行比较分析发现，COMEX 黄金期货与铜期货年均交易量之比基本维持在 3～5 倍，黄金期货的持仓量已经是铜期货的 37 倍以上，其期权也表现非常活跃。黄金期货的投资价值已经得到了众多投资者的认可，其市场规模远远超过了黄金现货与其他商品期货品种的容量。

13.5 黄金投资渠道

在投资黄金之前，投资者应做足物质、知识和心理三重准备。物质方面，黄金投资应该作为一种以保值增值为目的的投资，长期平均下来不能带来非常突出的收益，因此黄金投资所占比例应该控制在家庭资产的一定比例，一般应占到家庭总资产的10%左右，正常情况下不超过30%。不同的黄金投资品种有不同的风险和收益特征，因此适合各种投资群体，投资者应该根据自身财务状况和风险偏好设定切实的黄金投资计划。

表 13－1　黄金投资品种与适应群体

黄金投资方式	特点	适合投资群体
实物黄金	保值性；易变现；易保管	对市场行情不敏感
纸黄金	依靠金价差获利；风险大；收益高	有炒股经验；对金价变化有研究
黄金基金	分散投资降低风险；专业人士打理	没有时间跟踪市场行情
黄金股票	与金价、公司和股市有关	对股市、公司和金价均有一定了解
黄金保证金	风险和收益成正比；高杠杆效应	追求高风险高回报
黄金期货与期权	风险和收益成正比；高杠杆效应	追求高风险高回报

13.5.1 实物黄金投资

通常来说，实物黄金的投资渠道有如下三种：

（1）金店。这是购买实物黄金最一般的渠道，但是通过金店购买的黄金实物更偏重的是它的收藏价值而不是投资价值。目前，金店的黄金饰品在一定程度上已经是实用性商品，而且在买入和卖出时价格相差也较大。但是，中国黄金公司的黄金专卖店主要是销售投资金条，通过它购买金条比较便利。

（2）银行。投资者通过银行渠道购买的实物黄金包括标准金条、金币等，如农行的"招金"、中行的"奥运金"，上海金交所目前的个人黄金业务也是通过银行来代理，通过银行购买实物黄金的保真度比较高，风险相对较小。

（3）黄金延迟交收业务平台。这是目前最流行的投资渠道。黄金延迟交收指投资者按即时价格买卖标准金条后，延迟到第二个工作日后任何工作日进行实物交收的一种现货黄金交易模式。目前很多银行和金店都推出了这项业务。

13.5.2 非实物黄金投资

非实物黄金需要根据不同的产品，通过在金融机构开立账户进行购买。

（1）纸黄金。我国多家银行都已经开通了"纸黄金"业务，如工行的"金行家"、建行的"账户金"以及中行的"黄金宝"。纸黄金投资门槛相对较低，投资纸黄金就像炒股一样买卖交易，没有实物交割。近期，工行还推出"积存金"贰号，类似于基金定投，可每月固定扣款买入黄金，达到一定克数时即可申请提取实物黄金。

（2）黄金 T＋D。目前我国工行、民生、兴业以及招行等银行开通此业务。黄金 T＋D 交易无论市场行情涨跌，是做多做空双向选择机制，获利机会大，风险也高。适合风险承受能力较高、具备一定专业知识的投资者。

（3）黄金挂钩产品。银行发行的挂钩黄金的结构性理财产品一般起点在 5 万元以上。不过这种结构性产品由银行设计，能否获利或者获利多少，并非跟金价涨幅成正比。

（4）黄金期货。黄金期货采用保证金制度，杠杆倍数一般在 10 倍左右。黄金期货的价格波动风险也远远高于实物黄金和纸黄金，因此交易黄金期货时需要严格进行资金管理，需要实时盯盘，以短线操作为主，黄金期货适合于专业投资者。

13.6 黄金投资策略

黄金价格的变动，绝大部分原因是受到黄金本身供求关系的影响。因此，作为一个具有自己投资原则的投资者，就应该尽可能地了解任何影响黄金供给的因素，从而进一步明了场内其他投资者的动态，对黄金价格的走势进行预测，以达到合理进行投资的目的。其主要的因素包括以下几个方面：

（1）供给与需求。黄金的供给因素包括：金矿开采，约占黄金供应的70%；央行售金，是对黄金价格影响最大，也是最直接的供给因素；再生金，有着平抑金价的作用，在供给因素中对金价影响最小。黄金的需求因素包括：工业需求，包括首饰业、电子业、牙科、官方金币等；储备需求，各国央行都将黄金储备作为防范金融风险的重要手段之一；投资需要，黄金作为抗通胀的良好保值品，具有投资需求。

（2）美元指数。国际上黄金价格是以美元标价的。若美元贬值，黄金价格必定上涨，反之亦然。黄金资产与美元资产间也具有一定的相互替代性。另一方面，美元被誉为是最后的货币。当国际政局紧张不明朗时，人们都会因预期金价会上涨而购入黄金。但是，最多的人保留在自己手中的货币其实是美元。假如国家在战乱时期需要从他国购买武器或者其他用品，也会沽空手中的黄金，来换取美元。

（3）通货膨胀率。一般情况下，正常范围内的通货膨胀并不会对金价产生很大的影响，但如果物价在短期内大幅上涨，货币大幅贬值，金价就会明显上涨。近年来，伴随着经济危机，世界各国经济不稳定，于是通货膨胀大幅波动，为规避这种风险，投资者和央行都相继提高黄金持有量，这是金价上升的一个诱因。

（4）原油价格。油价的上涨会催生通货膨胀，从而彰显黄金对抗通胀的价值。近30年来，油价与金价呈80%的正相关关系，当原油价格上涨时，金价呈上涨趋势，当原油回落时，金价呈下降趋势。

（5）国际政治局势。国际上的战争或政治局势动荡都会促使黄金作为避险工具而价格上涨，尤其是政治领域的突发事件，如2003年的美伊战争对国际金价的上涨起到了巨大的推动作用。

以上分析黄金价格的方法为基本面分析法。由于其影响因素有很大的局限性，而且相关的数据难以及时获得，导致无法准确预测入市时机，同时难以解释市场短期大起大落。为此，我们还需要结合技术面进行分析。技术面分析即通过对市场上以往价格和交易量的分析，预测未来价格的走向。基本面分析大致可以预测黄金价格的大致走势，而技术面分析则可以细致地分析出黄金价格的波峰和波谷，从而在短期内套利。

13.7 投资黄金注意事项

（1）独立分析，合理决策。在世界经济逐步恢复，利率市场化临近的大背景下，黄金交易的场外交易方式在不断被创新，新闻、媒体对金价走势的分析也是众说纷纭。这时，冷静地独立思考，做出合理决策，尽量做到在面对各种投资讯息时，不盲目跟风，冷静地对信息加以过滤分析。此外，在进行黄金投资时，还需要了解投资的公司是否获得相应的黄金投资资质，尽量选出规范、实力强的公司和投资品种。

（2）为有效降低黄金投资的风险，应尽可能地将黄金投资与其他投资方式相结合。这种结合至少有两方面的好处：一方面，由于市场动荡，金价难免会出现短期波动，此时借鉴其他投资方式的经验，有利于把握黄金价格的变动规律。如在纸黄金的交易中，由于其具有证券交易的特征，可以适当借鉴证券投资经验；另一方面，这种复合式的投资方式能充分利用黄金价值的相对稳定及其与其他资产价格的负相关性，以对冲风险。

（3）抓住市场机遇。当全球经济健康发展时，金价很少出现大的波动，但在金融危机中，国际金价往往会出现短期内的剧烈波动。例如，在危机最严峻的时刻，2008年底，金价曾跌到200元/克以下，此时正是投资黄金的最佳入市时间。此后，金价出现了一路上涨。因此，投资者积极分析市场，把握市场趋势，选准买入时机，在上升的趋势中趁跌买入，在下降的趋势中逢涨卖出。

（4）黄金市场和外汇市场是互相独立、互为联系的市场，如果条件允许，应当考虑利用两个市场之间的变动差异进行跨市套利。在金融危机下，外汇市场也会像黄金市场一样出现大幅波动，如，当人民币升值时，同样数量的人民币可以兑换更多的外汇。因此投资者可以选择利用汇率的优势购入黄金，这样不仅能降低投资者的即时成本，而且能起到很好的抗通货膨胀的作用。

【案例】黄老板有 1000 万人民币资金，一分为二，500 万投资国内黄金市场，500 万投资美国黄金市场，保证金为 10%，则 400 万资金做国内市场空头，相当于卖出 4000 万人民币的黄金；400 万资金做美国市场多头，相当于买入 4000 万人民币黄金。若人民币升值 8%，获取利润为 4000 × 8% ＝ 320 万，剔除换取美元的 8% 损失和一年的 4.14% 利息，净收益为 320 － 40 － 41 ＝ 239 万，总收益率约为 24%。

（5）注意风险管控。投资市场本身有很大的系统性风险，如果一味追求风险最小化，反而会放弃过多的收益，最终可能得不偿失。对于风险承受能力较高的投资者可以更多进行短期套利操作，而风险厌恶的投资者可以选择中长期持有策略。此外，投资者还应对风险有一定的心理预期，提前制定应对方法，适当设置止损点是一种控制投资风险的有效方法。

第 14 章 PE 投资——但愿美梦能成真

对于大多数普通百姓投资者来说，PE 投资还是一个新鲜事物，给人的感觉是既陌生又熟悉。PE 投资的门槛确实有些高，似乎是富人的专属"游戏"。但是，我们身边许多大名鼎鼎的企业，诸如微软、苹果、阿里巴巴、携程网、如家快捷等，其实都得益于最初的 PE 投资计划。不言而喻，PE 投资当属一类高风险、高回报的长期投资，充分实现了过剩资本与过剩智慧的高效率结合。最理想的状态下，它在满足投资人收益要求的同时，又可实现被投资人创业的愿望。

14.1 PE 投资的基础知识

PE 投资，英文全称为 Private Equity Investment，在我国通常被称为私募股权投资，也可以简称为股权投资。它主要是采取私募形式投资于非上市股权，或者是上市公司的非公开交易股权。从投资方式的角度来看，它属于一种权益性投资。投资 PE 的目的是在它升值后退出，所以在交易实施的同时，就要综合考虑未来的退出机制问题。

实际上，PE 投资的概念有广义、狭义之分。广义上，PE 投资是通过非公开资金募集方式所进行的企业股权投资，既包括首次公开发行（IPO）之前各个阶段（种子期、初创期、发展期、成熟期和 Pre－IPO 时期），又包括上市之后的一段时期（Private Investment in Public Equity，PIPE）。狭义的 PE 投资则主要是指，对已经形成一定规模、能够产生稳定现金流的成熟企业的权益投资，即创业投资后期的私募股权投资部分。而另外那一部分投资于创业前期的私募股权，通常被称为风险资本（Venture Capital，VC）。所以我们经常会看到"VC"、"PE"作为组合同时出现——"VC/PE"，恰似一对孪生姐妹。不过在欧洲大陆，VC 就等同于 PE。我们在下面提到 PE 投资时，都将沿用它的广义概念。

14.1.1 起源与发展

PE 投资起源于 19 世纪末的美国。当时，许多富有的私人银行家在律师和会计师的介绍、安排下，将剩余资金投资于风险较大的石油、钢铁、铁路等新兴产业，这就是私募股权投资的雏形，不过，最初的 PE 投资完全取决于投资者的个人决策，并没有专门的机构参与组织和管理。后来，随着基金管理公司和中介服务机构的介入，PE 投资市场逐渐发展、成熟起来，并进一步实现了产业化。

国际上，PE 投资行业先后经历了五个重要的发展阶段：

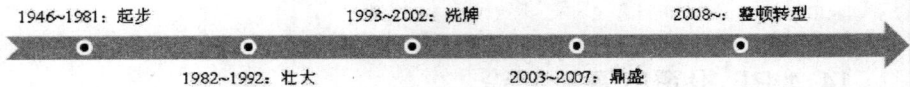

图 14—1　PE 投资的发展历史回顾

第一阶段：1946 年至 1981 年，这是 PE 投资的起步时期。这一时期，一些小型企业，或小型私人资产投资项目开始尝试接触私募，在尝到甜头之后主动抛出了橄榄枝，于是 PE 投资在小范围内兴起。

第二阶段：1982 年至 1992 年，这是 PE 投资的壮大时期。在这十年间，世界经济经历了从萧条到繁荣的往复循环，市场上随即出现了一股大量以垃圾债券为资金杠杆的收购热潮，导致整个杠杆收购产业几近崩溃。正是在这样的"乱世"之中，PE 投资脱颖而出。

第三阶段：1993 年至 2002 年，这是 PE 投资的洗牌时期。20 世纪 90 年代初，储蓄贷款危机、内幕交易丑闻、房地产危机等经济、金融现象频繁上演，在一定程度上促进了私募股权投资步入正轨，PE 投资更多地以制度化企业的形式出现，并且在 2000 年前后的"互联网热潮"中达到了巅峰。

第四阶段：2003 年至 2007 年，这是 PE 投资的鼎盛时期。随着互联网泡沫的破灭，全球经济增长速度放缓，整体走势呈现疲软。与此同时，杠杆收购的规模空前巨大，私募投资公司的组织形式与运作机制日渐成熟。一个标志性的历史事件就是，美国 PE 投资界的大佬——黑石集团（Black-stone Group），于 2007 年 6 月 22 日在纽约证券交易所挂牌上市。

第五阶段：2008 年至今，这是 PE 投资的整顿与转型时期。2007 年下半年爆发的美国次贷危机引致全球金融震荡，投资行业格局发生重大变化。虽然这一事件并未对 PE 投资领域产生直接冲击，但其影响自 2008 年开始逐渐显现，主要表现为市场流动性紧张、融资困难。这让 PE 投资公司不得不考虑如何在夹缝中生存的问题，业务、策略与组织结构的转型迫在眉睫。然而，机遇和挑战总是如影随形，大浪淘沙之后，沉淀下来的必然都是一些好的投资项目和管理机构，相信 PE 投资将迎来崭新的春天。

与国外相比，私募股权引入我国投资市场的时间较晚。最早可追溯到 20 世纪 80 年代，在 1985 年的中共中央文件《关于科学技术改革的决定》中，首次提到了风险创业投资的问题。随后，国科委、财政部等部门联合筹建了我国第一个风险投资机构——中国新技术创业投资公司（简称"中创公司"）。90 年代后期，大量海外的私募股权投资机构纷纷踏足中国市场。1999 年，国际金融公司（International Finance Company）入股上海银行，这是 PE 投资的中国首秀，为当时的中国带来了全新的投资概念，掀起了一阵私募股权投资的热潮。然而，由于当时我国股票市场的相关制度不够完善，发起人股份不能实现流通，直接导致 PE 的退出渠道存在严重阻碍，从而制约了私募股权投资在中国的发展。

2004 年，中国证监会开启了里程碑式的上市公司股权分置改革。直至 2006 年 10 月 9 日，G 股正式告别沪深两市，中国股市从此步入"全流通"时代。历时两年之久的"股改"终于落下帷幕，这为投资市场的全面发展奠定了关键基础。与此同时，PE 投资进入了快速发展时期，大有"雨后春笋，势如破竹"之态。2009 年下半年，证监会再次出台了两项重要的"市场化"政策，即倡导股票发行（IFO）制度改革，并推出创业板。两大利好消息的同时落地，迅速点燃了市场行情，PE 投资呈现出一种发展过热、甚至有些疯狂的景象。在这一时期，几乎每周都有新的人民币股权投资基金成立。2011 年开始，随着 A 股市场的走低和 IPO 的停发，我国的PE 市场逐渐进入寒冬，出现了募投两难。

14.1.2 市场主体与主要参与者

PE 投资的主要参与者包括被投资企业、私募股权投资基金、基金管理公司、基金份额的持有人（即基金投资者）和一些中介服务机构。

其中，被投资企业是 PE 投资的对象和客体。在不同的发展阶段，企业的资金需求也有所不同。比如，创业期的企业需要寻找启动资金；成长期的企业需要筹措用于扩张规模、改善生产的支持资金；改制、重组的企业需要注入并购资金；面临财务危机的企业需要添补周转资金；另外一些相对成熟的企业也需要继续融资以满足上市条件。

私募股权投资基金是 PE 资金的载体。通常来说，基金管理公司会设立多个股权基金计划，当资金募集完成后，会把不同的基金交予不同的管理者进行投资运作。这些管理者一般都是经验丰富的专业投资人士，擅长于某一特定行业、或某一特定发展阶段的企业权益投资。经调查研究后，他们会将手中的基金投资于某个或若干个企业的股权，以求日后顺利退出并获得相应的资本利得。

拥有一定数量且合适的投资者，是私募股权投资基金得以成立的必要条件。一般而言，私募股权基金具有相对较高的投资门槛，它的份额持有人以机构投资者为主，也包括少部分富有的个人投资者。以美国为例，作为私募股权投资基金最大的投资者，公共养老基金与企业养老基金的投资份额之和足以达到总资金额的 30％到 40％。不过，来自机构投资者的资金往往都是分批分期注入，而非一次到位。

中介服务机构也是 PE 投资市场不可或缺的重要组成部分之一，主要有咨询顾问、融资代理商、数据调查机构、信息技术服务商、基金托管机构以及会计师事务所和律师事务所等。这些中介服务机构或协助私募股权投资基金募集基金，或为基金和需要资金的企业牵线搭桥，或帮助投资者评价各类股权基金的表现。总而言之，它们的存在大大减少了 PE 投资市场的信息非对称性，进而降低了信息成本，提高了资金运作效率。

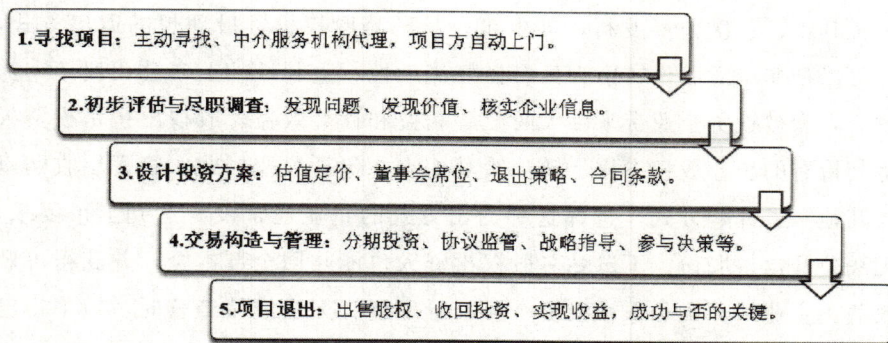

图 14－2　PE 投资的基本操作流程

14.1.3 基本操作流程

本质上，PE 投资是一项含有战略投资初衷的长期投资。因此，与传统的借贷融资、股权融资不同，私募股权投资基金的管理者在为企业带来资金支持的同时，还可能需要提供管理措施、发展战略等方面的增值服务。从运作流程的角度来看，一般都是基金经理通过非公开方式募集资金，然后用于非上市企业的股权投资，并且直接或间接参与所投资企业的组织、管理、控制，保证该企业获得最大限度的增值，待企业成功上市或被收购之后，撤出资金、收回本金同时取得收益。具体的操作步骤包括：寻找项目——初步评估与尽职调查——设计投资方案——交易构造和管理——项目退出。

14.1.4 几类重要的退出渠道

PE投资的终极目标是获取高额收益，而"项目退出"这一环节往往都是决定盈亏的关键所在。可以说，退出渠道的顺畅与否直接关系PE投资的成败，因此退出策略应该是投资人在当初筛选企业时就必须考虑和注意的因素。正常情况下，PE投资拥有三种退出方式，分别为首次公开发行（IPO）、股权出售和企业清算。

其中，首次公开发行，即上市，是私募股权投资最理想的退出方式，它可以把非流通股份转别为具有良好流动性、盈利性的上市公司股票，为投资人和被投资企业带来巨大的经济利益和社会效益。股权出售是投资人将其持有的企业股权出售、转让给其他人，包括股权回购、管理层收购以及其他一些并购方式。选择这种退出方式的企业通常没有达到上市要求，无法公开出售股份。不过私募股权投资人也能收回全部本金，并获得可观收益。企业清算则是在被投资企业前景堪忧、无法继续经营时，迫不得已而选择的一种退出方式。这是代表了PE投资的最坏结果，往往只能收回部分本金，相当于"偷鸡不成蚀把米"。具体地，公司清算包括自愿性清算和非自愿性情况两种。

我们在本章的前言中提到了炙手可热的电商巨头——阿里巴巴公司，其实它不光引领了电子商务行业在中国的发展，还协助投资人"软银集团"创造了国内PE投资界的业绩神话。到2007年11月6日，阿里巴巴在香港联合交易所挂牌上市，此时软银集团间接持有的阿里巴巴股权价值达到55.45亿元人民币，加上2005年雅虎入股时所套现的1.8亿美元，软银对阿里巴巴的PE投资回报率高达71倍！这一数字之大，估计会令很多人望洋兴叹。

事实上，软银集团并不是最早入主阿里巴巴的私募股权投资公司。1999年10月，全球历史最悠久、规模最大的投资银行之一的高盛集团，携手汇亚基金公司、新加坡科技发展基金等，领投阿里巴巴公司。随后的十年间，飞速发展的阿里巴巴也一直吸引PE投资人的目光。在接下来的三轮 PE 融资中，阿里巴巴又接受了：福大亚洲、银瑞达、上海华盈创业投资基金管理公司、日本亚洲投资公司、汇亚集团和软银集团等 6 家私募股权投资机构的投资。不过，除软银外，其他的 PE 投资人都没能坚持到最后。早在第四轮融资的时候，高盛就通过股权出售的方式套现了部分股权，并未继续跟投。同一时期，其他多家私募股权投资机构也开始安排后续的逐步退出计划。到阿里巴巴与雅虎联姻之时，只有软银集团继续增持股份，并且牢牢占据了主要地位，而其他风险投资人已经陆续退出。不出所料，果然是"笑到最后的人才笑得最好"。

14.2 PE 投资的特点

第一，从资金筹集的角度来看，PE 投资具有私募性和广泛性。私募股权投资的资金募集只面向少数的机构投资者和富有个人，整个过程采取非公开的形式，销售、赎回等环节都是与投资人私下协商进行。不过，资金来源还算比较广泛，除了极少一部分个人投资者之外，有资格入选的募集对象还包括战略投资者、保险公司、风险基金、杠杆并购基金和各类养老基金等。

第二，从投资对象的角度来看，PE 投资一般专注于有发展潜力的非上市企业。事实上，PE 投资在选择项目时的唯一标准是能否带来高额投资回报，并不强调新科技、新技术的应用。也就是说，对于 PE 投资项目而言，好的市场前景往往比技术本身更为重要。

第三，从投资过程的角度来看，PE 投资融合了资金与管理两个层面的双重支持。由于私募股权投资属于权益类投资，因此投资人对被投资企业享有管理、决策方面的表决权，参与的具体形式包括加入董事会、策划追加投资、协助制定发展战略、监控经营状况与财务业绩、处理重大危机事件等。许多私募股权投资基金都拥有极其丰富的行业经验，可以为企业提供融资、策略和人才等各个方面的咨询和帮助。

第四，从投资期限的角度来看，PE 投资属于流动性较差的中长期投资。对于私募股权投资而言，一般为 5 年加 2 年，甚至更长。在此期间，投资人通常无法直接出售这些非上市公司的股权，市场流动性比较差。

14.3 PE 投资的分类

根据被投资企业的发展阶段，可以把 PE 投资划分为风险投资（Venture Capital）、成长资本（Development Capital）、并购资本（Buyout Capital）、夹层投资（Mezzanine Capital）、Pre－IPO 投资（Pre－IPO Capital）和上市后私募投资（Private Investment in Public Equity，PIPE）。

14.3.1 风险投资 （VC）

风险投资主要投资于创业期的科技型企业和初始期的技术创新性项目，几乎涵盖了从想法到概念、产品，再到市场的整个过程。处于这一阶段的企业或项目，在技术、市场、财务和运营等方方面面均存在太多的不确定性，因此这类 PE 投资的风险极大。同时，作为一种补偿，风险投资的利润回报相当丰厚，足以令其他投资产品瞬间黯然失色。

14.3.2 成长资本

成长资本主要针对于经过了初创期、顺利发展到成长期的企业。在这一时期，被投资企业已经从研发阶段过渡到市场推广阶段，它的商业模式得到了广泛认可，并且能够产生确定的收益，具有可控的风险。一般情况下，成长资本在 2 至 3 年的投资期内便可获得 4 至 6 倍的稳定回报，这一数据非常诱人。从中国市场的实际情况来看，成长资本也正是所占比例最大的那一类 PE 投资。

14.3.3 并购资本

并购资本主要应用于目标企业的并购过程。投资人通过收购目标企业的股权来获取控制权，进而对其进行一系列的改组、重造，甚至在必要时更换管理层，以最大限度地提升企业价值，以期在未来再次出售时实现理想的投资收益。由于大部分并购资本都是投资于一些相对比较成熟的企业，因此所涉资金的规模往往很大。

14.3.4 夹层投资

夹层投资的对象只要是一些已经初步完成股权融资的企业，它属于一种兼具债权融资和股权融资性质的投资方式，相当于一种附有权益认购权的无担保长期债券，有点类似于可转换债券。投资人在手握债权的同时拥有一份认股权证，可以在事先约定的时间，根据触发条件，以事先约定的价格购买被投资公司的股权。不难推测，夹层投资的风险和收益一定会低于股权投资而高于债权投资。不过，夹层投资一般不愿意控股或长期持股，更倾向于"快进快出"，是企业两轮融资、青黄不接之时的"救命稻草"。

14.3.5 Pre- IPO 投资

Pre−IPO 投资主要在企业上市前期发挥作用，在完成 IPO 之后便功成身退。相比于其他 PE 投资，Pre−IPO 投资具有风险小、回收快的特点。而且，如果企业在上市之后受到投资者的热捧，Pre−IPO 投资的收益回报也就不可限量。

14.3.6 上市后私募投资

上市后私募投资（PIPE）主要投资于已经上市的企业股权，通常的做法是按照市场价格的一定折价购买上市企业股份，以扩大公司资本，这与前面几类 PE 投资存在明显不同。它的优点是为融资人节省了大量的时间和资金成本，比较适合于一些期待快速成长、但又不愿意应付传统的股权融资程序的小型上市公司。

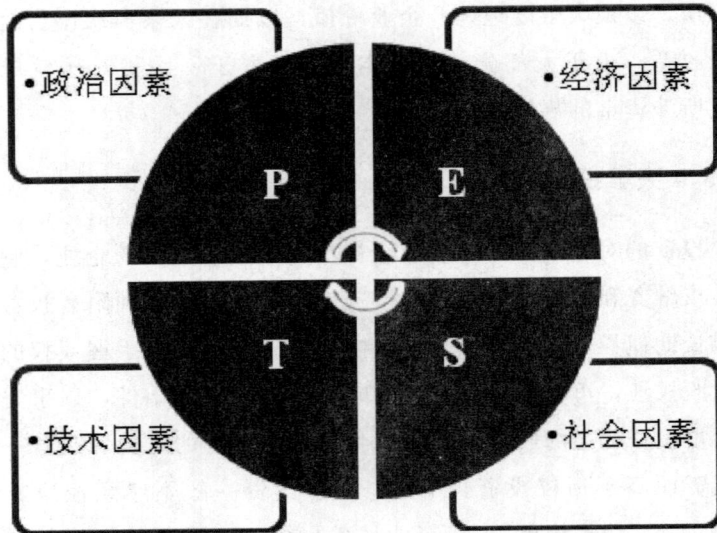

图 14－3　PE 投资的主要影响因素

14.4 PE 投资的创新和发展

　　与其他投资产品不同，私募股权投资行业的发展首先视乎一国的科技政策以及技术水平而定。如果国家旨在鼓励并积极倡导新兴技术及产业的发展，PE 投资必然大有用武之地，市场收益水平及活跃程度都将大幅度提高。其次，作为投资市场的一个重要组成部分，PE 投资还与宏观经济环境、社会资金流动、投资者交易情绪以及其他金融市场表现等息息相关。再次，私募股权投资的发展程度受制于一国的金融发展水平。金融市场的完善程度越好，PE 投资的运作流程越规范、风险及损失发生的可能性越低，造成的危害也越小。最后，私募股权投资的收益特征取决于被投资企业或项目的发展前景，以及相关管理者的经营水平。

　　在全球经济复苏乏力、中国经济增速放缓的大背景下，"全民 PE"的火热浪潮渐渐退去，国内的 PE 投资市场也随之步入深度重整期。2012

年，中国 PE 投资市场全面跌落谷底，募资、投资、退出等环节均表现出明显下滑，各方投资机构都承受了严峻考验。

在募资方面，2012 年中国创投及私募股权投资市场共披露私募资金 621 只，较 2011 年同比下降 9.74%，平均募资规模创下 2005 年以来的新低。从币种来看，仍以人民币基金居多，其比例约为 93.7%；从基金类型来看，以成长型基金为主，在数量、金额上分占比例 70.7% 和 72.6%；从行业类型来看，当属房地产基金的上升势头最强。在投资方面，中国创投市场共完成投资 1071 起，投资总额 73.20 亿元，分别较 2011 年降 28.8% 和 43.7%。其中，互联网、生物技术/医疗健康、电信及增值服务业位列 23 个一级行业的投资前三甲。在退出方面，2012 年全年共发生退出交易 246 笔，比 2011 年下降 46.1%，以机械制造行业的退出案例最多，可见退出难度进一步加大。

尤其是在 2013 年年初，银监会颁布了"全面禁止银行代销私募股权投资基金产品"的监管令，这无疑是雪上加霜。不过，在经历"寒冬"之后，随着中国经济的反弹，PE 投资市场有望逐渐恢复元气。而且，在 2013 年下半年，经国务院批准，中央人民银行决定自 7 月 20 日起全面放开金融机构贷款利率限制。这一重大利好消息标志着利率市场化改革的大幕开启，中国资本市场将呈现出崭新的局面。一方面，随着利率逐渐放开，存贷款利差加大，社会融资结构改变。一些大型的优质企业偏重于直接融资，而商业银行贷款将更倾向于中小微企业，这无疑为 PE 投资的持续发展预留了广阔的空间。另一方面，利率市场化提供了肥沃的土壤，能够催生金融创新。在利率市场化的条件下，各类风险可以得到合理定价，有利于私募股权投资基金的管理者设计交易结构，从而降低风险水平。此外，利率管制的解除大大丰富了金融市场的理财产品，而且，其中的某些产品必将愈加复杂。因此，尽管投资者的选择明显多了，但难度也随之提高。这种情况下，专人打造、专业管理的理财产品将成为大多数人的首选，PE 投资也恰好身在此列。可想而知，未来的 PE 投资将大放异彩。

但毋庸置疑的是，国内私募股权投资也将迎来一次大的行业变迁，由

"粗放型"结构向"精细化"结构过渡，市场格局将进一步明确，主要是专业化、品牌化将成为主流趋势，同时基金中的基金（Fund of Funds，FOFs）、保险公司等机构投资者的主体地位得到加强。而一些缺乏核心竞争力、专业知识不足的中小型 PE 投资机构将面临倒闭或者转型的巨大压力。在投资行业布局方面，以城镇化和内需拉动为主线，可重点关注消费升级、技术升级等相关领域，包括先进制造业、信息技术、品牌消费、医疗健康、文化传媒等。另外，由于新股发行制度的变化，以及 IPO 价格的大幅回落，IPO 退出的投资回报率明显降低，PE 投资退出形式将向多元化发展，"新三板"以及以并购、回购为主的股权出售方式将大有作为。

14.5 PE 投资渠道

我们在前面一直提到 PE 投资有很高的门槛要求，您知道这个"门槛"究竟有多高吗？根据中国证监会在 2013 年 2 月 21 日公布的《私募证券投资基金业务管理暂行办法（征求意见稿）》，若想成为私募股权投资基金的合格投资者，自然人需符合个人或者家庭金融资产合计不低于 200 万元人民币、最近 3 年个人年均收入不低于 20 万元人民币、最近 3 年家庭年均收入不低于 30 万元人民币 3 项条件中的任一条件；公司、企业等机构需满足净资产不低于 1000 万元人民币的条件。另外，合格投资者投资于单只私募基金的金额不得低于 100 万元人民币。

看到这些数字，您会不会觉得"门槛"真的有点高呢？如果您认为可以接受，那么就要恭喜您了，因为您又多了一种投资选择。通常情况下，个人投资者参与 PE 投资的渠道是购买基金管理公司的私募股权投资基金产品。事实上，私募股权投资基金并不会公开广告，一般都是投资者将自己获知产品信息的来源作为购买渠道，也有一部分基金发起人会主动寻找投资者。您可以事先在一些网站上浏览股权基金的基本信息，包括该私募股权投资基金的性质与风格、管理团队的管理水平和过往业绩以及托管银行的信用和实力等等，然后再去相应的基金管理公司咨询、办理投资业务。具体的购买流程与普通的基金产品类似。

在浏览相关网站时，您也许会发现，国内投资市场上存在一类"阳光私募基金"的产品，那么它与一般的私募股权基金产品有何不同呢？顾名思义，这类产品的特点在于规范化和透明化，通过借助信托公司平台发行可以保证客户资产的安全性，但它主要投资于证券二级市场，而不是直接购买公司股权。因此，严格来说，阳光私募基金并不属于 PE 投资产品。而且，您在购买时所签订的合同，是与信托公司签订的信托合同。

14.6 PE 投资的策略

众所周知，风险与收益相伴相生，PE 投资也早早就被贴上了"高风险、高收益"的标签。为了在保证收益的同时尽可能地降低风险，直接投资人或管理人（私募股权基金经理）通常会综合使用联合投资策略、分段投资策略、匹配投资策略和组合投资策略等。

其中，联合投资策略是指 PE 投资人联合其他投资机构共同投资，以达到"众人拾柴火焰高"的效果；分段投资策略 PE 投资人实现资金的分批、分期注入，并根据被投资企业或项目的发展情况，慎重考虑是否进一步追加投资，这样可以保证投资人进退自如，立于不败之地；匹配投资策略是指 PE 投资人在出资的同时，要求被投资企业、项目的创业人员或经营管理者也投入一定数量的资金，这其实是把投资人与被投资人捆绑在一起，成为"一条船上的人"，从而促进企业或项目的经营者自发地加强管理，提高投资效率；组合投资策略是指 PE 投资人往往不会把所有资金全部投向一个企业或项目，而是分散在多个被投资对象之中，最好还能涉及多个行业，也就是"不把所有鸡蛋放在一个篮子里"，如此才不至于出现全军覆没的窘境。

不过，上述策略的选择与否，是私募股权投资基金管理人需要考虑的问题。对于普通的投资者，也就是基金的持有人来说，最主要的一类投资策略就是要"慧眼识珠"，从万千产品中选择出适合自己的私募基金。具体地，投资者可以重点关注 PE 投资基金的管理团队、过往业绩以及项目本身的覆盖行业、退出机制、投资策略等。保守起见的话，有成功经验的品牌基金将是不错的选择。而且，基金的行业覆盖率越高，整体的风险水平越低，特别是房地产、机械制造等传统行业的退出渠道相对顺畅，容易保证 PE 投资的最终收益。

14.7 投资 PE 基金注意事项

在前面的介绍中，我们曾不止一次地提到，PE 强调是一项高风险、高收益的长期投资。从发现项目、投资项目到最后实现盈利并退出项目，需要经历很长的一段时间，在项目运作的过程中往往存在很多风险，包括价值评估风险、知识产权风险、委托代理风险、退出机制风险等。投资人还不得不掌握一些行之有效的风险控制方法。

一是要选择良好的 PE 基金管理团队。首先要有比较好的道德修养和职业精神，其次要有投资经验。与国内人民币基金的投资团队相比，海外基金团队经验的合伙人在基金规范性、细节把控、尽职调查以及为即将上市的公司提供的帮助、规划，包括资源方面具备系统性的优势，能够保证投资的质量。同时，还能有项目来源，与企业、监管部门有很好的关系。特别是与政府有良好的关系显得非常重要。

二是要选择自己熟悉行业的基金。PE 基金也有它的投资行业和区域。虽然我们把资金交给了基金管理人去管理，但是我们也一定要了解他们投资的领域，防止被投资管理人忽悠。同时，作为 PE 投资者也一定不要被投资管理人的花言巧语所蒙蔽。一定要对所投资的行业和市场有一个比较清晰的认识。

三是要对基金管理人做尽职调查。PE 投资的数目一般都不小，有必要对基金管理人做个深入了解。最好能够亲自走访基金管理企业，要能够与公司的高级管理人员及基金经理进行面对面的沟通和交流，了解他们对行业和市场的观点、团队概况、激励约束机制、风险控制体系等。同时要了解过往基金情况 4 个方面：募集、投资、管理、退出等情况。

【案例】在目前银行发售的 PE 产品中，主要通过零售和私人银行两种渠道发售。私人银行渠道所发售的产品门槛至少在 500 万以上，因为一只 VC/PE 基金的募集门槛通常最低设置在 500 万。而在零售渠道，大到百万，小到 10 万的"PE 理财产品"则随处可见。如果投资者不深入了解，就很可能被忽悠。2011 年，就有不少人在华夏银行嘉定支行员工濮某推荐下购买了名为"中鼎 XX 入伙计划"的系列理财产品，这些为期一年的理财产品到期后无法兑付。后来，深入了解之后才知道是属于高风险的 PE 产品，而基金管理人已经捐款而逃，不知踪影。投资者投入的资金很可能会打了水漂。

四是不能把全部资金投入 PE。虽然历史统计数据显示，私募股权投资往往较证券投资基金有更好的业绩持续性，受到宏观经济的影响也相对较小，投资 PE 基金可以获得相对丰厚的收益。但是 PE 的风险也是非常高的，而且投资的时间比较长，一般要 7 年左右，中途不能退出。所以不能把全部资金投入 PE，一般不要超过家庭总资产的 30%，一定要留出足够的日常生活资金。家庭资金少于 100 万元的最好不要投资 PE。

纵然如此，瑕不掩瑜。PE 投资确确实实为中国投资市场注入了新鲜血液，实现了"富人"资本与"穷人"智慧的完美结合，促进了高新技术的发展，推动了社会文明的进步。有人说，高收益、高风险的 PE 投资就是在做一场美梦，梦里总是繁花似锦，但也许一切都只是镜花水月，待到梦醒时分，幻象破灭，人去财空。不过，我们相信，随着利率市场化改革的浪潮愈来愈汹涌，中国私募股权投资行业终将走向制度化和规范化的道路，会承载起更多人的梦想不断前行，让我们共同期待 PE 投资的美梦成真！

第 15 章　多元化投资——选择适合自己的

　　"不要把所有鸡蛋放在一个篮子里"，这是投资界的至理名言。在利率市场化和金融改革创新的大背景下，百姓投资理财的手段日新月异，投资品种也丰富多彩，给百姓投资理财提供了更多的选择。投资理财是一项系统工程，需要用一生的时间和精力来周密规划、精心打理；要科学合理地掌握理财原则，扩大投资渠道，运用各种理财工具，构建组合、分散风险，走出理财误区，最大限度地发挥资金的使用效应。

15.1 多元投资的理念

　　随着经济的发展和居民收入水平的提高，百姓家庭的钱也越来越多，这些钱该去投资什么样的金融产品、每类产品该占多大比例，这就涉及家庭资产的配置问题。家庭资产组合配置就是在一个投资组合中选择资产的类别并确定其比例的过程。俗话说，没有最好的产品，只有最适合的产品，投资理财也是如此。当我们面对多种投资理财产品时，就需要考虑该投资什么产品、每种资产各占多少比重，资产配置的决策就开始了。

　　随着金融市场的创新和发展，多元化投资成为家庭资产配置的一个重要方向，同时也是使家庭理财趋于稳健的一个途径。所谓多元化投资，顾名思义，是指在投资过程中综合运用多种理财产品或投资工具，以实现降低风险，提高收益的目的。既然需要使用多种金融产品，那就必然会涉及资产配置的问题。实际上，多元化投资的核心就在于根据自身情况，选择适合的投资理财产品，并对多种投资理财产品合理配置。

15.1.1 概念与涵义

对于不同类型的投资者来说，多元化投资或者资产配置的涵义略有差别。对于专业投资者或机构投资者，多元化投资通常意味着下面一系列定性与定量化的过程：

（1）计算各类资产的收益率、标准差与相关性；

（2）运用这些指标，根据均值-方差最优化原理，选择不同风险收益特征的资产组合；

（3）根据回报目标、习惯偏好、特别限制和其他要求，分析并执行某一备选方案。

然而，对于个人投资者，多元化投资的概念就可以摒弃那些量化、繁杂的计算公式。一般情况下，投资者在配置金融资产时，最关心的内容不外乎两点：其一，财务状况、个人动机与产品前景、市场周期的匹配情况；其二，资产组合带来的税收问题。能够影响多元化投资决策的具体因素包括：子女教育、长辈赡养等大额支出的资金需求数量，以及时间分布特点；风险的承受能力，以及风险发生时的损失补偿能力；投资收益的评价标准与基准条件；多个资产组合之间的交互影响等。

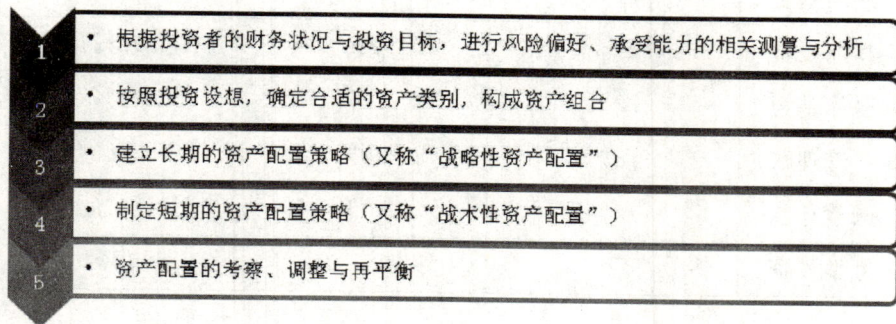

1. 根据投资者的财务状况与投资目标，进行风险偏好、承受能力的相关测算与分析

2. 按照投资设想，确定合适的资产类别，构成资产组合

3. 建立长期的资产配置策略（又称"战略性资产配置"）

4. 制定短期的资产配置策略（又称"战术性资产配置"）

5. 资产配置的考察、调整与再平衡

图 15—1　多元化投资的基本操作流程

15.1.2 基本流程

多元化投资的操作流程可以划分为五个具体步骤，如图 15—1 所示。

多元化投资最根本的目的是甄选出一些能够满足回报要求的资产类别，并按照一定比例配置成一个资产组合，以实现一定风险水平下的收益最大化，或是一定收益水平下的风险最小化。因此，投资者必须首先寻找一个长期的战略性资产配置策略，以保证它能够实现最初的投资目标。在战略性资产配置的框架下，投资者可以根据实际情况，具体调整各类金融资产的份额及比例，进行短期的战术性资产配置，以确保它符合自身所处的现实环境、心理状态以及资产前景和市场走势。同时，投资者有必要不时地对战略性资产配置策略加以考察，对战术性资产配置策略加以平衡，如果明显偏离预期目标，需及时调整、纠正。

表 15—1　美国富人家庭可投资资产组合

资产组合	净资产 100 万—500 万美元	净资产 500 万—2500 万美元	净资产 2500 万美元以上
股票、债券	24％	30％	24％
共同基金	19％	15％	14％
其他投资	5％	7％	17％
退休基金	22％	14％	11％
专业管理账户	18％	24％	20％
储蓄存款	12％	10％	13％
另类投资			1％

15.1.3 优势与意义

多元化投资的优势在于能够改善投资组合的风险及收益水平。当然，有利必有弊，多元化投资也附带了一些机会成本——它可能会导致投资者与某一类或某几类高回报的资产失之交臂。对于大多数投资者来说，投资的意义并不是企图获取较大的风险溢价，而是希望能够维持一个稳定的、持续的、令人满意的收益水平。多元化投资恰好能够做到这一点。

首先，多元化投资综合了各类不同资产的主要特性，然后在此基础上形成了相应的投资组合。对比于其中任何一个组成部分，投资组合的整体风险—收益都更加理想。

其次，多元化投资是一个不断认知与平衡的过程，重点考虑了投资者的时间跨度、资本保值目标及预期的收益来源等多方面权衡因素。

再次，多元化投资通常会设定最大化、或者最小化的限制条件，如此可以保证资产类别足够多，但又不至于过分集中于某一类资产。

最后，多元化投资实现了多种资产类别与特定投资品种的分散投资，从而在很大程度上促进了投资组合的期望风险特征与投资者的风险承受能力相配比。这样就可以在相当长的一段时间内，为投资者提供更高的回报与更低的风险，并对其所承担的部分波动性予以补偿，而无需利用其他一些资产来适应市场变化。

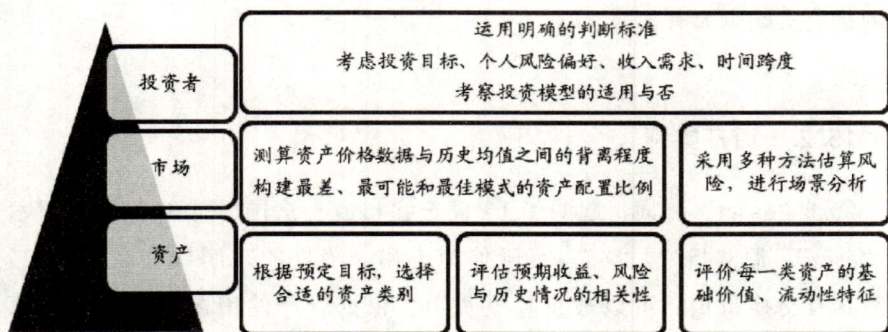

图15—2　多元化投资中需要考虑的几个关键步骤

15.1.4 需要考虑的几个关键步骤

虽然多元化投资的利大于弊，但事倍功半的情况也时有发生。为此，在制定具体的投资计划之前，投资者有必要严密思考、仔细推敲。图 15—2 为您列出了多元化投资过程中需要重点考虑的几个关键步骤，主要涉及与资产、市场以及与投资者相关的三个层面。

15.2 多元投资原理

多元化投资的一个基本技巧是要了解每种资产类别的内在特性，以及某种资产类别适合在什么时候、什么环境下进行投资管理，如何配置才能促使投资组合达到最佳效果。在明确了这些问题之后，我们才能依据相应的资产配置理论，进一步地做出科学的投资决策。

有关资产配置的理论与实践，大多都是建立在高度发展的经济学、金融学与统计学的基础之上。正如技巧娴熟的驾驶员不必完全理解发动机的内部工作原理一样，投资者也不需要特别清楚这些投资理论背后的数学基础与经济含义。但是如果能够略知一二，必然会让你更加游刃有余，对今后的投资实践也大有裨益。

15.2.1 资产类别

资产"asset"一词，起源于 16 世纪盎格鲁—法国时代的古代法国术语"asez"，原意指"足够"，可延伸为有用、美好的东西或物品所有权，一般具有交换价值，可以被折算成货币。根据资产的用途及价格形成原理，可以把大多数金融资产划分为资本资产、可消费或可交易资产和价值存储资产三大类，具体如图 15—3 所示。

资本资产	• 股票、债券、房地产 • 定价主要取决于当前及预期的股利、利息及现金流
可消费或可交易资产	• 商品、金属 • 定价主要取决于供求关系
价值存储资产	• 货币、贵金属（黄金等）、艺术品、古董 • 定价只要取决于投资者偏好及心理因素

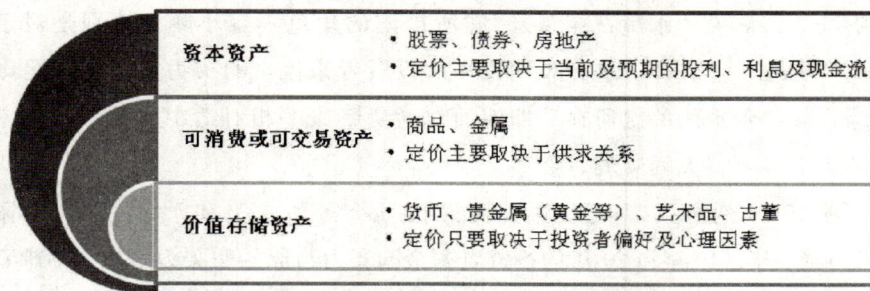

图 15-3　金融资产的类别划分

而从投资的角度，我们又可以把金融资产归纳为保值型与成长型两大类。其中，保值型资产是指那些能够提供市场平均收益、风险水平较低的金融资产，如国债、银行理财、货币基金等。它们通常被配置在短期的投资组合中，适合于购买能力较低、回报要求较高的风险厌恶者。成长型资产则是指，具有相对更高的收益回报、更大的风险波动、更强的成长前景的那部分金融资产，如股票、房地产、偏股型基金等。它们往往需要持续的资金投入，对投资者购买能力的要求也比较高，而且可能无法预见未来的收益情况，更适合风险偏好者将其配置在长期的投资组合之中。表 15-2 概括性地总结了这两类的资产的主要区别。

表 15-2　保值型资产与成长型资产的区别

特性	保值型资产	成长型资产
时间跨度	短期	长期
收入需求	低且可预见	高或不可预见
购买力要求	低	高
风险容忍度	低	高
市场前景	低迷	繁荣

我们上面所提到的风险，都是指资产收益的波动性风险。可是，在投资实践中，有一类风险常常会被投资者忽略，那就是购买力风险也就是通

货膨胀。俗话说"水滴石穿"，时间所扮演的角色不容小觑。特别是对于那些持有成长型资产、进行长期投资的投资者来说，购买力风险绝对是影响综合收益水平的关键所在。即使面对通货膨胀率相对适中的情形，投资者的购买力也将大幅衰弱。

图 15-4 刻画了年均通货膨胀率分别为 1%，3%，5% 和 7% 时，投资年限在 1 年、5 年、10 年和 20 年的投资者剩余购买力与原始购买力之比。不难看出，若年均通货膨胀率为 3%（温和的通货膨胀，属于正常水平），如今的 100元钱，在 20 年之后仅相当于 54 元，也就是说，购买力损失了近 46%。在这种情况下，资产的价值只有成长到原始价值的 1.85 倍，才足以维持投资者原有的购买力水平。如果考虑税收因素，那么资产就必须有更大的增值。

从现代金融的历史来看，通货膨胀率不可能一直保持不变。甚至在有些时候，基础货币条件、资金流向、国内外经济形势、产品与服务的供需状况以及生产者与消费者预期的变化，还会引起通货紧缩的现象。在无法确定通货膨胀率会在长期内保持为某一特定正值时，购买力损失就会成为既定事实，并且转化为一种重要的风险。因此，对于购买力风险，投资者必须抱有清醒的认识，做好防御准备。

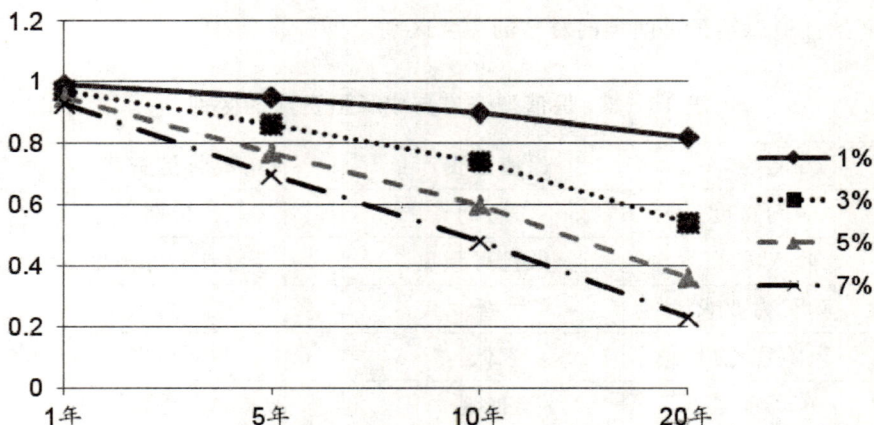

图 15-4　通货膨胀与购买力风险

15.2.2 有效市场理论

有效市场理论（Efficient Market Theory，EMT）是现代投资组合理论的重要基石，它解释了金融资产的市场价格是如何反映信息并对信息作出反应。这一理论认为，资产价格应该能够反映所有相关的已知信息，以及市场对于未知信息的预期。也就是说，在金融市场上，有关资产的任何信息都会很快地表现在价格之中。当消息利好时，资产价格上升；当消息利空时，资产价格下降。这是因为市场存在着一群异常机敏的投资者，他们会利用这些信息来消除之前的错误定价，并且从中获得收益。当然，这些消息可能并不是完全可靠、准确的。一个真正有效的市场，应该能够对信息的准确性做出判断。

根据有效市场理论，一部分人总结出了随机漫步模型，即资产价格随机游走，其轨迹不可预测。按照市场的有效程度，我们可以把金融市场进一步划分为强式有效市场，半强式有效市场和弱式有效市场。在强式有效市场中，资产价格反映了过去的、现在的、以及共同预期的全部公开、未公开的信息。在这样的市场中，资产价格的走向是随机的，不可能被预测。但是，更多的市场实践证明，资产价格会存在一定的趋势特征，它的随机性也没有那么明显。这就催生了半强式有效市场理论和弱式有效市场理论。在半强式有效市场中，资产价格仅仅反映了过去的、现在的以及共同预期的公开信息；而在弱式有效市场中，资产价格仅仅包含了过去的公开信息。

总而言之，有效市场理论强调了一个基本观点：对于投资者而言，在一个有效的金融市场中，能够获取更高收益回报的唯一途径是承担更多的风险。不过，有些风险可以通过资产组合轻易消除或避免，属于可分散风险。实际上，这部分风险并不会产生溢价。因此，投资者不能过分专注于那些高收益资产，有必要把一部分精力放在分散投资、减少风险方面。

15. 2. 3 现代投资组合理论

现代投资组合理论（Modern Portfolio Theory，MPT）的开山鼻祖是美国经济学家哈里·马科维茨（Harry Markowitz）。早在20世纪50年代，马科维茨就利用数量化方法证明了组合投资能够有效地分散风险。但同时，他也强调，若仅仅是增加投资产品的数目，并不一定能实现风险分散的效果。一个完美的投资组合，必须包含几类不同收益模式的资产，而且这些资产的风险可以全部或者部分抵消，从而降低整个投资组合的风险水平，补偿彼此的收益损失。实际上，投资组合理论就是通过引入、限制或者排除某一特定类别的资产，来调控和平衡整个资产组合的风险一收益特征。

投资组合理论带给我们的启示如下：

第一，一类资产的魅力并不在于它较高的潜在收益，而在于它的期望收益、风险以及与组合中其他资产收益水平的关联程度。

第二，历史事实证明，恰当的资产配置策略的确能够降低整个投资组合的风险。

第三，许多投资者希望能够在更小的风险水平下获得更高的收益回报，只要能够根据市场情况及时对资产组合进行微调，这一目标也是容易达成的。

后来，在投资组合理论的基础上，又形成了资本资产定价模型（Capital Asset Pricing Model，CAPM）、套利定价模型（Arbitrage Pricing Theory，APT）模型和均值一方差优化模型（Mean－Standard Model，MSM）等投资学中的经典理论模型，此处我们不再赘述，有兴趣的读者可以继续查看这方面的相关书籍。

究其本质，还是那句老话——不要把所有鸡蛋放在一个篮子里。更重要的是，这个篮子也是有讲究的，鸡蛋不能完全一样，否则也可能功亏一篑。

15.2.4 生命周期理论

上述两条投资理论都是基于金融学的视角，结合数理分析，分别根据市场特征和资产特性总结出来的理论模型，难免给人"云山雾绕"之感。接下来，我们将从普通个人投资者自身的需求出发，介绍一种更实用、更好理解的投资原理。

投资与消费息息相关，密不可分。实际上，投资正是为了满足将来的消费需求，而节省了当前的消费资源。如果消费存在周期特征，那么投资也不可避免地会存在周期性。美国经济学家弗朗科·莫迪利安尼提出了生命周期消费理论。该理论认为，人们会在相当长的一段时间跨度内计划自己的消费开支，以便于在整个生命周期内实现消费的最佳配置。从一个人一生的成长顺序来看，年轻时的收入较少，但具有消费冲动、消费精力等消费条件，此时的消费可能会超过他的收入；步入中年后，收入逐渐增加，并大于消费，既可以提供必要的家庭生活支出和子女教育支出、偿还年轻时的债务，也可以为老年时代做一部分积累；进入老年后，收入将有所减少，养老、医疗等消费反而大幅增加，甚至超出收入，形成负储蓄。

对应消费的生命周期，我们可以继续构造出个人就业的生命周期、生活需求的生命周期、风险承受能力的生命周期、财富水平的生命周期，进而得到投资的生命周期，并在不同的阶段投资于不同类别的金融资产，以实现风险与收益、投资与消费的适当匹配。图15-5描绘了影响投资者资产配置的潜在周期。

年龄阶段	10	20	30	40	50	60	70	→
个人就业周期	教育和就业前	就业早期	就业中期	就业后期	退休		退休后期	
生活需求周期	置业		资助子女		提高生活品质		退休花费与财富转移	
消费储蓄周期	消费多	储蓄多	消费多		储蓄多		消费多	
风险承受周期	低风险	高风险	适度风险		较低风险		低风险	
个人财富周期		财富积聚					财富分配	

图15-5 影响投资者资产配置的潜在周期

显而易见，在生命的不同阶段，我们的消费需求、财富状况与风险承受能力都不尽相同，因此在选择资产类别及配置比例时也要注意加以区别。说得通俗一些，投资也讲求"门当户对"。在特定时期、特定条件下，不求最好，但求最合适。至于具体的资产配置方法，我们将在后面的内容中详细介绍。

15.3 多元投资策略

若想在投资市场中大显身手，仅仅掌握相关的理论和模型是远远不够的，还需要搭配一定的技巧和手段，也就是我们常说的"投资策略"。而投资策略的精髓不外乎两点：选择资产与选择时机。如果您是委托他人代为投资，也许还会涉及选择资产管理者的问题。简单地说，就是要选择对的资产、对的时间和对的人。

15.3.1 产品回顾

在前面几章中，我们陆续向您介绍了一些常用的理财产品和投资产品，它们的风险—收益特征各不相同，但都是我们用来构造资产组合、实现多元化投资的重要工具。表15-3显示了这些基础工具在收益和风险方面的主要特征。其中，一星为最低级别，五星为最高级别。在收益方面，一颗星表示该产品可能带来的收益，至多只能跑赢通货膨胀，年均值在3%以下；两颗星表示收益率为3%～5%；三颗星表示收益率为5%～8%；四颗星表示收益率为8%～10%；五颗星表示收益率为10%及以上。而在风险方面，一颗星表示该产品的风险水平基本为零，相当于无风险产品；随着星数的增加，风险等级逐次上升。

表15-3进一步总结了各类产品的功用特征，包括基本功能、最佳投资期限与适用对象等。不难看出，大部分理财产品都是在保值增值的基础上实现财富管理的基本功能，而投资产品更多地被用于投资或投机。这些产品的最佳投资期限各异，分别适合于不同年龄、阶层和特征的人群。一

般来说，中老年人、风险厌恶者或保守型投资者对理财产品青睐有加，而中青年人、风险偏好者和进取型投资者会对高收益、高风险的投资产品情有独钟。

表 15－3　不同理财及投资产品的风险－收益特征

序号	理财/投资产品	收益特征	风险特征
1	储蓄存款	★	★
2	银行理财	★★	★★
3	信托理财	★★★	★★
4	基金理财	★★★★	★★★
5	保险理财	★★	★★★
6	股票投资	★★★★★	★★★★
7	期货投资	★★★★★	★★★★★
8	债券投资	★★★	★★★
9	房产投资	★★★★	★★★
10	黄金投资	★	★★
11	PE 投资	★★★★★	★★★★★

15.3.2 资产搭配

根据前面提到的现代投资理论与生命周期理论，我们可以按照不同阶段的需求，结合各类资产的基本特征，完成资产之间的合理配置，实现特定风险水平下的收益最大化，或者特定收益水平下的风险最小化。

图 15－6 描绘了基于财富水平的资产搭配方式。在财富播种阶段，投资者重点关注的一些基本的生活需求，包括住房、医疗、饮食、穿衣和保险等。如果还有多余的资本可用来投资，那么首先应该考虑流动性较好且容易操作的资产，如储蓄存款、银行理财、债券、股票以及一些简单的基金产品。在财富建设阶段，投资者的需求将扩大至子女教育、提高生活质量、筹备退休和为后代积累财富等。与此同时，由于剩余资本的增加，他们可投资的对象不再局限于前一阶段所提到的那部分资产，还可以适当增

加一些房地产、信托和商品方面的投资。在财富实现阶段，投资者的需求往往具有更加强烈的社会性和公益性，类似于建立慈善事业和支持科技创新等。因此，这时投资者会开始选择 PE 投资、基金中的基金等那些流动性更低、复杂程度更高的资产。

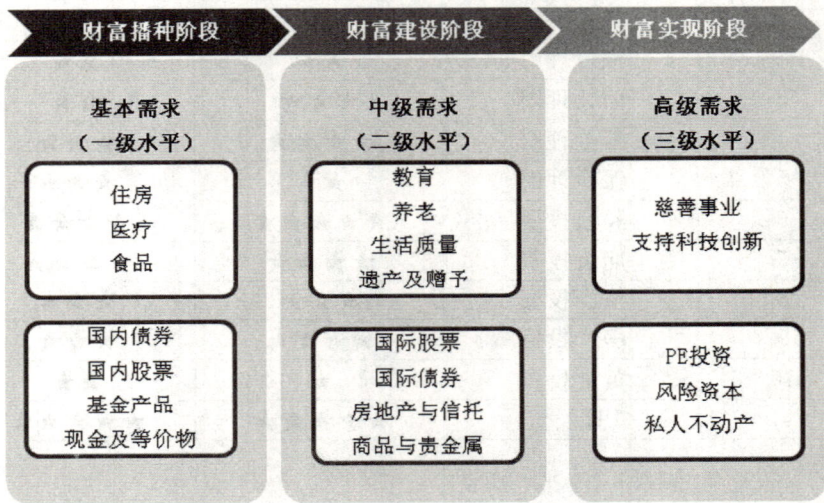

财富播种阶段	财富建设阶段	财富实现阶段
基本需求 **（一级水平）**	**中级需求** **（二级水平）**	**高级需求** **（三级水平）**
住房 医疗 食品	教育 养老 生活质量 遗产及赠予	慈善事业 支持科技创新
国内债券 国内股票 基金产品 现金及等价物	国际股票 国际债券 房地产与信托 商品与贵金属	PE投资 风险资本 私人不动产

图 15－6　基于财富水平的资产搭配方式

图 15－7 给出了基于年龄阶段的资产搭配方式。去除教育及就业前的时期，个人的投资生涯可以大致划分为 4 个阶段。对于 20～35 岁的投资者，他们年轻气盛，斗志昂扬，通常怀有积极的投资心态，并不太在乎风险以及风险所带来的损失，适合多投资一些高收益、高风险的资产，如股票、期货等。对于 35～50 岁的投资者，他们已经积累了一定财富，而且事业步入正轨，但家庭责任会越来越重，老人赡养、子女教育都要消耗大量的财力和精力。所以他们的收益要求依然较高，但风险承受能力有所下降，可能需要多配置诸如基金、房地产、债券、银行理财之类的产品。对于 50～65 岁的投资者，他们的投资心态较为稳健，不会主动追求风险过大

的投资项目，而是乐于寻求收益与风险的平衡。一般情况下，他们的投资组合之中会包含多种增值、保值类的资产，具体的配置方式还与个人的财富状况有关。对于65岁以上的投资者，由于消费支出的增加，他们偏好于容易流动、低风险甚至是无风险的资产，而不再关注这些资产能够带来多少收益。因此，投资组合内的资产应该以债券、储蓄存款和其他现金等价物为主。

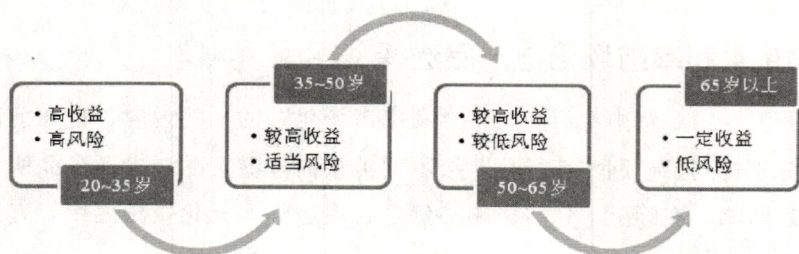

图15-7　基于年龄阶段的资产搭配方式

需要强调的是，以上两点内容都只是关于投资策略的一般性指导原则。在具体应用时，还要充分考虑投资者的个人要求与倾向。

15.3.3 市场时机与任人为能

其实，市场时机的选择理应得到更多的重视。通常情况下，选择市场时机的主要依据是投资者自身对资产价格表现的预期，但这极容易在未来造成较大的风险暴露。比如，对于用来保值、增值的长期投资组合，投资者的惯用策略是买入并持有，具体的操作方法无非是增加盈利的资产份额、减少亏损的资产份额。如果盈利资产的长期表现良好，这一策略自然行之有效；如果原盈利资产的价格骤然下降，这一策略反而相当于釜底抽薪、落井下石。因此，一个相对折中的方案就是分阶段、分时期地执行某一投资决策。

很多时候，选择一个合适的资产管理者，可能是最简单、最直接、也最高超的投资策略之一。正所谓"用人所长，避己所短"，专业的投资机构与投资经理人更加熟悉金融市场的大势所趋，更精通金融资产的特征特性，更擅长运用复杂的金融衍生品，这些都能够有效地降低信息成本，减少风险暴露，从而提高收益水平。我们在选择资产管理者时，主要可从投资理念、过往业绩、技术操守、风险管理与控制能力等几方面进行考察和评估。

15.4 利率市场化与产品选择

我们在第 2 章中专门介绍了"利率市场化"的相关内容，也在前面各章中分别提到了"利率市场化"给不同类型的理财产品、投资产品所带来的深远影响。实际上，这些影响必然也会渗透到多元化投资之中，直接作用于资产配置过程。

一方面，伴随利率市场化进程的加快，各类理财产品的差异性增强，包括储蓄存款、银行理财等，都将呈现出更加多元化的局面，投资者可以选择的余地更大，可供选择的品种越多，为资产配置提供了便利条件。

另一方面，利率市场化推动了金融创新，这些创新能够改善理财产品和投资产品的风险—收益结构，但同时也增加了产品的复杂程度，让选择过程变得更加困难。比如，在利率管制时期，投资者在测算某一类产品的投资回报时，往往以银行的定期存款利率作为参考基准。而在利率市场化之后，这一基准也会随时发生变化。因此，投资者不得不首先判断未来的利率走势。否则，投资收益可能还赶不上银行利息！面对这种情况，银行理财、信托产品、基金产品等专业团队打造的理财、投资产品将备受推崇。尤其是利率管制的解除对银行业的长期发展大有裨益，有利于促进银行理财的推陈出新，投资者可加以重点关注。

因此，在这样一个"山雨欲来风满楼"的时期，若想配置资产进行多元化投资，除了充分考虑产品本身的特征之外，还有必要仔细分析利率市场化带来的影响，关注市场利率水平的变化。

表 15—4 不同理财及投资产品的功用特征

序号	理财/投资产品	基本功能	最佳投资期限	适用对象
1	储蓄存款	保值	1 年以内	老年人，流动性需求者，风险厌恶者
2	银行理财	保值增值	1 年以内	中老年人，保守型投资者
3	信托理财	财富管理	1～3 年	中老年人，流动性需求不高
4	基金理财	财富管理	1～2 年	全部
5	保险理财	财富管理	10 年以上	中青年人，保守型投资者
6	股票投资	投机	1～2 年	中青年人，风险偏好者，进取型投资者
7	期货投资	套期保值	1～2 年	中青年人，拥有一定专业知识
8	债券投资	投资	1～5 年	中老年人，保守型投资者
9	房产投资	投资	5～10 年	全部
10	黄金投资	风险对冲	1～3 年	中老年人，保守型投资者
11	PE 投资	投机	5～7 年	中年人，财富水平高，风险偏好者

15.5 案例和实战演练

到目前为止，我们一直在阐述多元化投资的有关理论和原理，这近乎是"纸上谈兵"。光说不练，确实不足以服众。接下来，我们就通过几个生活中的小例子，来看看怎样进行合理的资产搭配，以实现多元化投资。

15.5.1 单身贵族——万丈高楼平地起

【案例】小魏是杭州市的某银行职员，单身，计划在两年之内结婚。

他的年度总收入为 80000 元，几乎全部为工资收入；而年度总支出为 48500 元，其中消费支出 35000 元，保险及医疗支出 9200 元，其余为贷款支出。目前，小魏有 10 万元的银行存款，不过正在按揭购房，房贷总额约为 150 万元，月供 4300 元左右。

浏览这些基础信息，不难发现，小魏的资产配合比较不合理。首先，每月的支出比例过高，存在一定的流动性风险。其次，收入以工资为主，投资意识相对淡薄。最后，当前的资产状况可能无法满足结婚的婚礼花费。因此，我们建议小魏开源节流，两方面同时着手。其一，尽可能地减少支出，特别是减少保障和医疗方面的支出，争取更多的存款；其二，多进行一些金融投资，但由于结婚需要一笔相对稳定的资金支持，因此不适合风险较高的股票、期货投资，可以尝试投资基金、债券及银行理财等。

15.5.2 小康之家——未雨绸缪

【案例】高先生现年 45 岁，任职于北京某大型国企的部门经理，月薪 12000 元。妻子郭女士，43 岁，某中学教师，月薪 6000 元。女儿 14 岁，初中二年级。目前，家庭成员每人都有商业保险（寿险），年保费总额为 2.1 万元；已购商品房一套，贷款余额 80 万元，月供 4700 元左右；储蓄存款大约 20 万元，股票投资 10 万元（亏损 3 万元），基金投资 5 万元（亏损 1 万元）。

总体来看，高先生一家的财务状况与资产配置还算比较理想，但是从投资的实际回报情况来看，夫妻二人都不像是金融圈的“武林高手”。因此，我们建议高先生偏重于基金、债券、银行理财和房地产等稳健型投资。另外，在这样一个相对宽松的时期，有必要开始为女儿教育以及自己的退休养老做些筹划，可以尝试购买保本型基金，或者投资信托。

15.5.3 花甲之年——最美夕阳红

【案例】许伯伯今年 63 岁，退休整整 3 年，曾在西安市某事业单位工作，退休工资为 5000 元/月。老伴也早已退休，退休工资为 3500 元/月。

老两口身体健康，精神矍铄，拥有 60 平方米的住房一套，折合人民币 70 万元左右；家庭储蓄存款 30 万元，银行理财产品 10 万元。唯一的儿子已经结婚，目前在上海某金融企业就职。

今年年初，儿子许先生为许伯伯重新配置了家庭金融资产。他认为两位老人的身体状况良好，对流动性要求不是很高，可以尝试一些风险水平较低的投资项目。于是，他建议许伯伯提取 15 万元的储蓄存款，购买了 7 万元的 3 年期国债，剩下的资金以 1:1:1.5 的比例分别购买了债券型基金、混合型基金以及货币市场基金。如此，相比于单纯的储蓄存款，许伯伯的投资收益会有较大幅度的增加，但整体风险依旧维持在很低水平。

15.6 多元理财注意事项

前面重点分析了多元化投资的原理、流程与策略，但是所有这些理念和方法，都是"听起来容易，做起来难"。因为在实际的投资活动中，投资者个人的习惯、情感以及心理因素都会产生极其重要的影响。根据最新的一项调查结果显示，投资者经常会表现出下列一些不明智的行为特征：

（1）错误估计投资期限；

（2）过度追求短期收益；

（3）过度强调波动风险而忽略购买力风险；

（4）采用回避损失而不是回避风险的心态；

（5）高估承受风险或低流动性的能力；

（6）考虑名义情况而非真实情况；

（7）忽略投资费用的影响；

（8）想获得保障却不愿意支付成本；

（9）收益的比较基准经常发生变化；

（10）情绪与信心经常发生大幅变动；

（11）高估投资组合的分散水平；

（12）错误估计税收的影响性。

　　这些行为不可避免地会影响投资策略的有效性，带来一些不必要的损失。俗话说，吃一堑，长一智。我们在投资市场上汲取教训的同时，也应该收获更多启示。

　　第一，市场的趋势不会永远不变。事实上，无论当前的资产价格看起来多么令人兴奋，或者多么令人沮丧，市场转折都可能一触即发。

　　第二，预测市场的底部或者顶部是极其困难的。金融市场上经常充斥着一些蛊惑人心的言论，大肆宣扬某些关键的转折点即将到来。但其实，真正能够抓住这些转折点的人少之又少，因为这些言论本身就形成了一种阻力或者动力。正如一只大的钟摆，钟摆摆得越高，动能和强度就越大，在转向之前持续的时间就会越长。

　　第三，市场终将回归均值。这一说法曾饱受质疑，但时间证明了什么叫做真理。人们之所以不相信收益会回归于该类资产的长期均值，正是因为忽略了均值背后的真正含义——资产价格高于平均值和低于平均值的大小和机会是均等的。

　　第四，人类是容易犯错的。这源于经济学中的预期理论，用相对专业的术语来说，就是投资者总是倾向于给可能性较大的结果以过高的概率，给可能性较小的结果以过低的概率，所以经常会出现"怕什么，来什么"的窘境。

　　总而言之，多元化投资的的确确可以在一定程度上分散风险，提高收益，但多元化投资并不是万能的，它的效果如何也还要视市场环境、投资者行为特征而定。千言万语汇成一句话，多元化投资的真谛就是要选择适合自己的！

　　选择适合自己的资产，适合自己的时机，以及适合自己的资产管理者。天时，地利，人和，方能在广阔的投资理财中大有作为！